Grundriß

des

materiellen Liegenschaftsrechts

des Bürgerlichen Gesetzbuchs

unter Berücksichtigung der bayerischen Ausführungs- und Übergangsvorschriften

bearbeitet von

Sigfrid Schwab,
Kgl. Amtsrichter in Schwabach.

München 1905
J. Schweitzer Verlag (Arthur Sellier).

K. b. Hof- und Universitätsbuchdruckerei von Junge & Sohn in Erlangen.

S. Schwab,

Grundriß des materiellen Liegenschaftsrechts.

Abkürzungen.

Achilles	=	Grundbuchordnung von Dr. A. Achilles u. O. Strecker, I. Teil.
A.G. z. B.G.B.	=	Das bayerische Ausführungsgesetz zum Bürgerlichen Gesetzbuch vom 9. Juni 1899.
A.G. z. B.G.O. u. Z.V.G.	=	Das bayerische Ausführungsgesetz zu der Grundbuchordnung und zu dem Gesetze über die Zwangsversteigerung und Zwangsverwaltung vom 9. Juni 1899.
B.G.B.	=	Das Bürgerliche Gesetzbuch.
Bl. f. R.A.	=	Dr. J. A. Seufferts Blätter für Rechtsanwendung.
Cosack	=	Lehrbuch des deutschen bürgerlichen Rechtes von Konrad Cosack. 3. Aufl.
E. d. b. O.L. i. Z.S.	=	Sammlung von Entscheidungen des bayerischen Obersten Landesgerichtes in Zivilsachen.
E.G. z. B.G.B.	=	Das Einführungsgesetz zum Bürgerlichen Gesetzbuche.
F.G.G.	=	Gesetz über die Angelegenheiten der freiwilligen Gerichtsbarkeit vom 17. Mai 1898
G.B.O.	=	Die Grundbuchordnung vom 24. März 1897.
G.V.G.	=	Gerichtsverfassungsgesetz für das Deutsche Reich in der Fassung nach dem Gesetze vom 17. Mai 1898.
G. u. V.Bl.	=	Gesetz- und Verordnungsblatt für das Königreich Bayern.
Gaupp-Stein	=	Zivilprozeßordnung für das Deutsche Reich, erläutert von Prof. Dr. L. Gaupp, neu bearbeitet von Prof. Dr. Friedrich Stein. 4. Aufl.
Henle-Schneider	=	Die bayerischen Ausführungsgesetze zum Bürgerlichen Gesetzbuch, Handausgabe herausgegeben von Wilhelm Henle und Heinrich Schneider.

J.M.Bl. = Justizministerialblatt für das Königreich Bayern.

J.M.B. = Bekanntmachung des k. b. Staatsministeriums der Justiz.

K.O. = Konkursordnung für das Deutsche Reich in der Fassung nach dem Gesetze vom 17. Mai 1898.

Motive = Motive zu dem Entwurfe des Bürgerlichen Gesetzbuches. 2. Aufl.

Planck = Dr. G. Planck, Kommentar zum Bürgerlichen Gesetzbuch. 2. Aufl.

Staudinger = Staudinger, Kommentar zum Bürgerlichen Gesetzbuch. 1. Aufl.

Ü.G. = Bayerisches Gesetz, Übergangsvorschriften zum Bürgerlichen Gesetzbuch betreffend, vom 9. Juni 1899.

V.U. = Verfassungsurkunde des Königreichs Bayern vom 26. Mai 1818.

Z.P.O. = Zivilprozeßordnung für das Deutsche Reich in der Fassung nach dem Gesetze vom 17. Mai 1898.

Z.V.G. = Gesetz über die Zwangsversteigerung und Zwangsverwaltung vom 24. März 1897.

Vorwort.

Vorliegender Grundriß bezweckt einzig und allein, die Bestimmungen des Bürgerlichen Gesetzbuches über das materielle Liegenschaftsrecht unter Berücksichtigung der bayerischen Ausführungs- und Übergangsvorschriften kurz, knapp und systematisch zusammenzustellen.

Die Arbeit soll lediglich ein Wegweiser sein für diejenigen, die sich mit der bearbeiteten Materie praktisch oder theoretisch zu befassen haben: so wird die Arbeit vielleicht auch dem bayerischen Grundbuchrichter sich brauchbar erweisen.

Schwabach, im Juni 1905.

Schwab,
Kgl. Amtsrichter.

Inhaltsverzeichnis.

Allgemeines.

Unter materiellem Liegenschaftsrecht ist der Inbegriff der materiellen Normen für die dinglichen Rechte an unbeweglichen Sachen zu verstehen.

Diese Normen sind enthalten in dem dritten Buche des Bürgerlichen Gesetzbuches; sie werden ergänzt, hauptsächlich in formaler Beziehung,

a) durch die Reichsgrundbuchordnung vom 24. März 1897,

b) durch das Reichsgesetz über die Zwangsversteigerung und Zwangsverwaltung vom 24. März 1897,

c) durch verschiedene Bestimmungen der Reichszivilprozeßordnung,

d) durch landesrechtliche Normen.

Obige Definition des Liegenschaftsrechtes gibt zugleich die Disposition zum vorliegenden Grundrisse; es sind zunächst die unbeweglichen Sachen, alsdann die dinglichen Rechte als solche, und schließlich die einzelnen materiellen Normen für die dinglichen Rechte an unbeweglichen Sachen kurz, wie es im Rahmen eines Grundrisses möglich ist, zu besprechen.

I. Kapitel.

Die unbeweglichen Sachen[1].

Im Bürgerlichen Gesetzbuch ist der Ausdruck „unbewegliche Sache" nicht zu finden; das Bürgerliche Gesetzbuch normiert nur Bestimmungen für Grundstücke und spricht bestimmten Berechtigungen Grundstückseigenschaft zu; es bestimmt, daß die sich auf Grundstücke beziehenden Vorschriften auf diese Berechtigungen Anwendung zu finden haben. Die unbeweglichen Sachen zerfallen demnach in Grundstücke und Rechte mit Grundstückseigenschaft.

Unter Grundstück versteht man einen bestimmten begrenzten Teil der Erdoberfläche, der in dem in § 2 der Grundbuchordnung bezeichneten amtlichen Verzeichnis unter Nummer oder Buchstabe aufgeführt ist; nach der erwähnten Gesetzesstelle wird die Einrichtung des Verzeichnisses durch landesherrliche Verordnung bestimmt. In Bayern

[1]) Achilles: S. 14.

gilt das bisherige hypothekenamtliche Sachregister als amtliches Verzeichnis im Sinne des § 2 der G.B.O.[2]).

Gegenstand des Immobiliarverkehrs sind demnach nur die in diesem amtlichen Verzeichnis aufgeführten Grundstücke; reelle Teile eines solchen Grundstückes können in der Regel erst dann veräußert und belastet werden, wenn sie unter Lostrennung vom ursprünglichen Ganzen als selbständige Grundstücke in das amtliche Verzeichnis aufgenommen sind[3]); dagegen können Bruchteile eines Grundstückes, wenn diese in dem ideellen Anteile eines Miteigentümers bestehen, mit einem Vorkaufsrecht, einer Reallast, einer Hypothek, einer Grundschuld belastet werden[4]). Rechte mit Grundstückseigenschaften sind vor allem das reichsrechtlich geregelte Erbbaurecht[5]) und jene Gerechtigkeiten, welche das Landesrecht den Grundstücken gleichstellt, und welche durch das Einführungsgesetz zum Bürgerlichen Gesetzbuch ausdrücklich aufrecht erhalten sind.

Es gehören hierher für Bayern die Bergwerke, die unbeweglichen Kuxe, die Fischereirechte, die Realgewerbeberechtigungen und die Nutzungsrechte, für welche die sich auf Grundstücke beziehenden Vorschriften gelten[6]).

II. Kapitel.

Die dinglichen Rechte.

Die dinglichen Rechte an den unbeweglichen Sachen sind wiederum durch das Bürgerliche Gesetzbuch und durch die im Einführungsgesetz zum Bürgerlichen Gesetzbuch aufrecht erhaltenen landesgesetzlichen Vorschriften zwingend fixiert, so daß durch Parteivereinbarung andere als die gesetzlich zugelassenen dinglichen Rechte nicht geschaffen werden können[1]).

Die dinglichen Rechte des Bürgerlichen Gesetzbuches sind folgende:

a) Eigentum,
b) Erbbaurecht,
c) Grunddienstbarkeiten,
d) Nießbrauch,
e) Beschränkte persönliche Dienstbarkeiten,
f) Vorkaufsrecht,
g) Reallast,
h) Hypothek,

---

[2]) Allerhöchste Verordnung vom 25. Februar 1905. J.M.Bl. 1905 S. 61.

[3]) § 6 G.B.O.

[4]) §§ 1095, 1106, 1114, 1192 B.G.B.

[5]) §§ 1012 ff. B.G.B.

[6]) Art. 17 des bayerischen A.G. z. G.B.O. mit Art. 67, 69, 74, 196 des E.G. z. B.G.B.

[1]) Achilles S. 18. Insbesondere können obligatorische Ansprüche nicht durch Eintragung in das Grundbuch dingliche Wirksamkeit erlangen.

i) Grundschuld,

k) Rentenschuld.

Die dinglichen Rechte der Landesgesetze ergeben sich hauptsächlich aus folgenden landesgesetzlichen Vorschriften[2]):

a) aus dem Familienfideikommiß-, Lehen- und Stammgutrecht. Art. 59 E.G. z. B.G.B.,

b) aus den Vorschriften über Rentengüter. Art. 62 E.G. z. B.G.B.,

c) aus den Vorschriften über Erbpachtrecht. Art. 63 E.G. z. B.G.B.,

d) aus dem Anerbenrecht. Art. 64 E.G. z. B.G.B.,

e) aus dem Wasserrecht. Art. 65 E.G. z. B.G.B.,

f) aus dem Deich- und Sielrecht. Art. 66 E.G. z. B.G.B.,

g) aus dem Bergrecht. Art. 67 E.G. z. B.G.B.,

h) aus dem Jagd- und Fischereirecht. Art. 69 E.G. z. B.G.B.,

i) aus den Vorschriften über Zwangsrechte, Bannrechte und Realgewerbeberechtigungen. Art. 74 E.G. z. B.G.B.,

k) aus den Vorschriften über Waldgenossenschaften. Art. 83 E.G. z. B.G.B.,

l) aus den Amortisationsgesetzen und den Vorschriften, welche den Erwerb von Grundstücken durch Ausländer von staatlicher Genehmigung abhängig machen. Art. 86—88 E.G. z. B.G.B.,

m) aus den Vorschriften über die gesetzlichen Hypothekentitel des Fiskus, ꝛc. Art. 91 E.G. z. B.G.B.,

n) aus dem Enteignungsrecht. Art. 109 E.G. z. B.G.B.,

o) aus den Vorschriften über die einem Eisenbahn- oder Kleinbahnunternehmen gewidmeten Bahneinheiten. Art. 112 E.G. z. B.G.B.,

p) aus den Vorschriften über die Zusammenlegung von Grundstücken, über die Gemeinheitsteilung, über die Ablösung von Reallasten und Dienstbarkeiten ꝛc. Art. 113 E.G. z. B.G.B.,

q) aus den Vorschriften, nach welchen die dem Staate oder einer öffentlichen Anstalt infolge der Ordnung der gutsherrlich-bäuerlichen Verhältnisse oder der Ablösung von Dienstbarkeiten, Reallasten oder der Oberlehnsherrlichkeit zustehenden Ablösungsrenten und sonstigen Reallasten zu ihrer Begründung und zur Wirksamkeit gegenüber dem öffentlichen Glauben des Grundbuches nicht der Eintragung bedürfen. Art. 114 E.G. z. B.G.B.,

r) aus den Vorschriften, welche die Belastung eines Grundstückes mit gewissen Grunddienstbarkeiten oder beschränkten persönlichen Dienstbarkeiten oder mit Reallasten untersagen oder beschränken, sowie aus den Vorschriften, welche den Inhalt und das Maß solcher Rechte näher bestimmen. Art. 115 E.G. z. B.G.B.,

s) aus den Vorschriften, welche die Belastung des Grundstückes über eine bestimmte Wertgrenze hinaus oder mit einer unkündbaren Hypothek oder Grundschuld untersagen oder die Ausschließung des Kündigungsrechtes zeitlich beschränken. Art. 117 E.G. z. B.G.B.,

---

[2]) Achilles Anm. 5 zu § 84 G.B.O.

t) aus den Vorschriften über den Vorrang von Meliorationsdarlehen. Art. 118 E.G. z. B.G.B.,

u) aus den Vorschriften, welche die Veräußerung, die Teilung oder die Vereinigung von Grundstücken beschränken oder die letzteren beiden untersagen. Art. 119 E.G. z. B.G.B.,

v) aus den Vorschriften über die Unschädlichkeitszeugnisse. Art. 120 E.G. z. B.G.B.,

In Bayern[3]) sind z. B. landesrechtlich aufrecht erhalten und zugelassen: dingliche Rechte, die sich ergeben:

a) aus den Vorschriften über die Errichtuug von Familienfideikommissen, Lehen und Stammgütern[4]),

b) aus den Vorschriften über Fischerei[5]),

c) aus den Vorschriften über Realgewerbeberechtigungen[6]),

d) aus den Vorschriften über Zwangsenteignung[7]),

e) aus den Vorschriften über das Recht zur Benützung eines Platzes in einem dem öffentlichen Gottesdienst gewidmeten Gebäude oder auf einer öffentlichen Begräbnisstätte, z. B. Recht auf Benützung von Kirchenstühlen, Erbbegräbnis[8]),

f) aus den Vorschriften über Leibgedingsverträge[9]),

g) aus den Vorschriften über Nachbarrecht[10]),

h) aus den Vorschriften über das Recht der Gemeinden und Stiftungen auf Sicherungshypothek gegenüber ihren Verwaltern[11]),

i) aus den Vorschriften über den Hypothekentitel des Staates[12]).

---

[3]) Henle-Schneider, A.G. z. B.G.B. Art. 1 Anm. 5 ff.

[4]) VII. Beilage z. B.U. im Zusammenhalt mit dem Gesetze vom 11. IX. 1825, IV. Beilage z. B.U. § 9, Lehensedikt vom 7. VII. 1808 (Weber I Nr. 158), IV. Beilage z. B.U. § 57, Gesetz vom 15. VIII. 1822 (R.Bl. S. 353) u. 4. VI. 1848 (G.Bl. S. 121) Art. 59 E.G. z. B.G.B., Art. 1 d. b. A.G. z. B.G.B., Art. 13 ff. d. A.G. z. G.B.O.

[5]) Roth, Bayer. Zivilrecht Bd. II §§ 313, 314, 320, Art. 104 des Gesetzes vom 28. V. 1852 über die Benützung des Wassers, Art. 69 E.G. z. B.G.B., Art. 1 A.G. z. B.G.B., Art. 17 A.G. z. G.B.O.

[6]) Organisches Edikt von 1807, Gewerbegesetz vom 30. I. 1868, Art. 7, 11; Art. 74 E.G. z. B.G.B., Art. 1 A.G. z. B.G.B. u. Art. 17 A.G. z. G.B.O.

[7]) Gesetz vom 17. XI. 1837 die Zwangsabtretung von Grundstücken betr.; die Wassergesetze vom 28. V. 1852; das Berggesetz; Gesetz vom 15. VI. 1898, das Unschädlichkeitszeugnis betr., Art. 18; Art. 109 E.G. z. B.G.B., Art. 1 A.G. z. B.G.B.

[8]) Verordnung vom 9. X. 1813 (Weber I Nr. 297), Art. 133 E.G. z. B.G.B., Art. 1 d. A.G. z. B.G.B.

[9]) Art. 32 ff. d. A.G. z. B.G.B., Art. 96 E.G. z. B.G.B.

[10]) Art. 62 ff. d. A.G. z. B.G.B., Art. 121 E.G. z. B.G.B.

[11]) Art. 89 d. A.G. z. B.G.B., Art. 91 E.G. z. B.G.B.

[12]) Art. 123 d. A.G. z. B.G.B., Art. 91 E.G. z. B.G.B.

III. Kapitel.

Die Eintragung der dinglichen Rechte in das Grundbuch.

Für die Entstehung eines dinglichen Rechtes ist regelmäßig die Eintragung des Rechtes in das Grundbuch erforderlich; für die dinglichen Rechte hat die Eintragung demnach regelmäßig konstitutive Wirkung[1]).

Die Eintragung zeitigt aber auch noch folgende wichtige Wirkungen:

1. Zu Gunsten desjenigen, welcher ein Recht an einem Grundstück oder ein Recht an einem solchen Rechte durch Rechtsgeschäft erwirbt, gilt der Inhalt des Grundbuches als richtig; die Eintragung ist also zur Erhaltung der Wirksamkeit gegenüber dem öffentlichen Glauben des Grundbuches erforderlich[2]).

2. Ist im Grundbuch für jemand ein Recht eingetragen, so wird vermutet, daß ihm das Recht zustehe; es spricht also die Vermutung für das Bestehen eines eingetragenen Rechtes[3]).

3. Die Ansprüche aus einem eingetragenen Rechte unterliegen nicht der Verjährung; ausgenommen sind nur die Ansprüche auf Rückstände wiederkehrender Leistungen oder auf Schadensersatz[4]).

4. Im Zwangsversteigerungsverfahren werden die eingetragenen Rechte ohne Anmeldung bei Feststellung des geringsten Gebotes und bei Herstellung des Teilungsplanes berücksichtigt[5]).

IV. Kapitel.

Eigentum.

I. Begriff.

Das Bürgerliche Gesetzbuch definiert den Eigentumsbegriff nicht; es zählt lediglich die Hauptbefugnisse des Eigentümers auf: Der Eigentümer einer Sache kann, soweit nicht Gesetz oder Rechte Dritter entgegenstehen, mit der Sache nach Belieben verfahren und andere von jeder Einwirkung ausschließen[1]); es kann also der Eigentümer mit seiner Sache schalten und walten, wie er will, es sei denn, daß eine gesetzliche Beschränkung oder ein an der Sache bestehendes Recht eines anderen sich ihm entgegenstellt[2]).

---

[1]) Achilles S. 27.
[2]) § 892 B.G.B.
[3]) § 891 B.G.B.
[4]) § 902 B.G.B.
[5]) §§ 37 Ziff. 4, 45, 114 Z.V.G.
[1]) § 903 B.G.B.
[2]) Cosack II, § 195.

Gesetzliche Eigentumsbeschränkungen ergeben sich:

a) aus dem Chikaneverbot; die Ausübung eines Rechtes ist unzulässig, wenn sie nur den Zweck haben kann, einem anderen Schaden zuzufügen [3],

b) aus dem Falle der angreifenden Notstandshandlung; der Eigentümer einer Sache ist nicht berechtigt, die Einwirkung eines anderen auf die Sache zu verbieten, wenn die Einwirkung zur Abwendung einer gegenwärtigen Gefahr notwendig und der drohende Schaden gegenüber dem aus der Einwirkung dem Eigentümer entstehenden Schaden unverhältnismäßig groß ist [4].

c) Der Eigentümer kann auch Einwirkungen nicht verbieten, die in solcher Höhe über seinem Grundstück oder Tiefe unter demselben vorgenommen werden, daß er an der Ausschließung kein Interesse hat [5].

d) Gesetzliche Eigentumsbeschränkungen ergeben sich weiter aus den gesetzlichen Veräußerungsverboten [6]) und den von einem Gerichte oder von einer anderen Behörde innerhalb ihrer Zuständigkeit erlassenen Veräußerungsverboten [7]), ferner aus den im Einführungsgesetz zum Bürgerlichen Gesetzbuch aufrecht erhaltenen, landesgesetzlichen Bestimmungen, nach denen der Eigentümer im öffentlichen Interesse in Ansehung tatsächlicher Verfügungen beschränkt wird; hierher gehören insbesondere das Arrondierungs- und Enteignungsgesetz [8]).

e) Gesetzliche Eigentumsbeschränkungen sind weiter enthalten in den Bestimmungen des Nachbarrechts [9]) und in den landesrechtlichen, jagd- und bergrechtlichen Bestimmungen, die durch das Einführungsgesetz zum Bürgerlichen Gesetzbuch aufrecht erhalten sind [10]).

Vertragsmäßige Eigentumsbeschränkungen können herbeigeführt werden durch die vom Eigentümer einem Dritten eingeräumten obligatorischen und dinglichen Rechte; der häufigste Fall der vertragsmäßigen Eigentumsbeschränkung ist die Bestellung einer Dienstbarkeit; doch ist zu erwähnen, daß die Verfügungsgewalt durch Rechtsgeschäft in dinglicher Weise nicht ausgeschlossen oder beschränkt werden kann [11]), und daß eine Verpflichtung des Eigentümers dem Hypothekengläubiger gegenüber, das Grundstück nicht zu veräußern und nicht zu belasten, nichtig ist [12]).

---

3) § 226 B.G.B.
4) § 904 B.G.B.
5) § 905 B.G.B.
6) § 135 ff. B.G.B.
7) § 136 B.G.B.
8) Art. 111 E.G. z. B.G.B.; Flurbereinigungsgesetz vom $\frac{\text{29. Mai 1886}}{\text{30. Juli 1899}}$; Gesetz vom 17. XI. 1837, die Zwangsabtretung von Grundeigentum betr.
9) § 906 ff. B.G.B., Art. 124 E.G. z. B.G.B. u. Art. 62 ff. d. A.G. z. B.G.B.
10) Art 67—71 E.G. z. B.G.B.; Gesetz vom 30. V. 1850, die Ausübung der Jagd betr.; Berggesetz vom 20. III. 1869; Art. 143, 157 d. A.G. z. B.G.B.
11) § 137 B.G.B.
12) § 1136 B.G.B.

II. Erwerb des Eigentums durch Rechtsgeschäft.

Zur Übertragung des Eigentums an einem Grundstücke ist die Einigung des Berechtigten und des anderen Teils über den Eintritt der Rechtsänderung und die Eintragung der Rechtsänderung in das Grundbuch erforderlich[13]).

Die rechtsgeschäftliche Übertragung von Grundstücken setzt demnach zwei Rechtshandlungen voraus[14]):

a) den Vertragsschluß, laut dessen der Veräußerer auf den Erwerber das Eigentum überträgt; die sogen. Auflassung.

b) die Eintragung des Erwerbers in das Grundbuch.

Der Vertragsschluß, laut dessen der Veräußerer auf den Erwerber das Eigentum überträgt, ist die regelmäßige Rechtsfolge aus einem vorangegangenen obligatorischen Grundgeschäfte, durch welches die Verpflichtung zur Vornahme der Eigentumsübertragung eingegangen wird: z. B. aus einem Kauf, Tausch, einer Schenkung. Die Auflassung ist also das eigentliche Leistungsgeschäft, welches die dingliche Rechtsfolge aus dem obligatorischen Geschäfte zum Ausdruck bringt[15]).

Es bedarf nur der obligatorische Vertrag, durch den sich der eine Teil verpflichtet, das Eigentum an einem Grundstücke zu übertragen, der gerichtlichen oder notariellen Beurkundung[16]); nach dem Einführungsgesetz zum Bürgerlichen Gesetzbuch können die Landesgesetze bestimmen, daß für die Beurkundung von Rechtsgeschäften, die nach den Vorschriften des Bürgerlichen Gesetzbuches gerichtlicher oder notarieller Beurkundung bedürfen, entweder nur die Gerichte oder nur die Notare zuständig sind[17]).

Von diesem Vorbehalte ist in Bayern Gebrauch gemacht, indem bestimmt ist, daß die Gerichte nicht zuständig sind für die Beurkundungen, die nach den Vorschriften der Reichsgesetze durch ein Gericht oder einen Notar zu bewirken sind[18]); zur Beurkundung der Verträge im Sinne des § 313 B.G.B. sind demnach in Bayern ausschließlich die Notare zuständig.

Die Auflassung als solche muß bei gleichzeitiger Anwesenheit des Veräußerers und des Erwerbers vor dem Grundbuchamt erklärt werden; sie ist unwirksam, wenn sie unter einer Bedingung oder einer Zeitbestimmung erfolgt[19]).

Nach dem Einführungsgesetz[20]) bleiben jedoch die landesrechtlichen Bestimmungen unberührt, welche bestimmen, daß die Einigung der

---

[13]) § 873 B.G.B.
[14]) Cosack II, § 196.
[15]) Staudinger III, § 873 II A, 1.
[16]) § 313 B.G.B.
[17]) Art. 141 E.G. z. B.G.B.
[18]) Art. 15 Abs. 2 d. b. A.G. z. G.V.G. in der Fassung des Art. 167 d. A.G. z. B.G.B.
[19]) § 925 B.G.B.
[20]) Art. 143 E.G. z. B.G.B.

Parteien in den Fällen des § 925 B.G.B. außer vor dem Grundbuchamt, auch vor Gericht, vor einem Notar, oder sonst einem anderen Beamten oder einer anderen Behörde erklärt werden können; desgleichen die landesrechtlichen Bestimmungen, nach welchen es bei der Auflassung eines Grundstücks der gleichzeitigen Anwesenheit beider Teile nicht bedarf, wenn das Grundstück durch das Gericht oder einen Notar versteigert worden ist, und die Auflassung noch im Versteigerungstermin stattfindet.

Von diesen Vorbehalten ist in Bayern Gebrauch gemacht worden[21]; es kann die Einigung der Parteien bei der Übertragung des Eigentums und der Bestellung eines Erbbaurechtes außer vor dem Grundbuchamte auch vor einem bayerischen Notare erklärt werden; es bedarf im Falle der Grundstücksversteigerung durch einen Notar bei der Auflassung, sofern sie noch im Versteigerungstermin stattfindet, nicht der gleichzeitigen Anwesenheit beider Teile.

Für die Entgegennahme der Auflassungserklärung konnte die Zuständigkeit des Grundbuchamtes nicht ausgeschlossen werden; allein dadurch, daß im Art. 12 des A.G. z. G.B.O. bestimmt ist, daß das Grundbuchamt die Erklärung der Auflassung nur entgegennehmen soll, wenn der nach § 313 B.G.B. erforderliche, beurkundete Vertrag vorliegt, durch den sich ein Teil verpflichtet, das Eigentum an einem Grundstück zu übertragen, und dadurch, daß, wie oben ausgeführt, auf Grund des Art. 141 E.G. z. B.G.B. durch den Abs. 2 des Art. 15 des A.G. z. G.V.G. in der Fassung des Art. 167 des A.G. z. B.G.B. die Notare zur Beurkundung des im § 313 B.G.B. bezeichneten Vertrages ausschließlich zuständig sind, wird wohl in Bayern die Auflassungserklärung, in der Regel vor dem Notare abgegeben werden[22].

Ein bestimmter Inhalt der Auflassungserklärung ist reichsgesetzlich nicht vorgeschrieben; es genügt sohin, jede Willenserklärung der Beteiligten, daß das Eigentum von dem Veräußerer auf den Erwerber übergehen soll[23]; der Auflassungserklärung kommt der Charakter eines abstrakten Rechtsgeschäftes zu; der Grundbuchrichter ist deshalb der Nachprüfung des vorausgegangenen obligatorischen Grundgeschäftes enthoben[24].

Gem. § 894 der Z.P.O. wird jede zur Rechtsänderung erforderliche Willenserklärung durch eine rechtskräftige Verurteilung zu ihrer Abgabe ersetzt; es kann demnach die Mitwirkung der Beteiligten bei der Auflassungserklärung durch ein rechtskräftiges Urteil ersetzt werden. Die Auflassung wird alsdann in der Weise vollzogen, daß der eine Beteiligte dem Grundbuchrichter oder dem Notar das Urteil übergibt und mündlich seine Einwilligung zum Eigentumsübergang erklärt.

---

[21]) Art. 81, 82 d. A.G. z. B.G.B.
[22]) Henle-Schneider, A.G. z. B.G.B. Vorbemerkung zu Art. 22.
[23]) Achilles S. 38.
[24]) Staudinger III, § 873, II, 6 a.

III. Erwerb des Eigentums ohne rechtsgeschäftliche Übereignung.

Ohne Auflassung und Eintragung geht das Eigentum in folgenden Fällen über:

a) Der Erbe wird Eigentümer der Nachlaßgrundstücke mit dem Erbfalle; mit dem Tod einer Person geht deren Vermögen als Ganzes auf den Erben über[25]).

b) Der Erwerb des Vermögens einer juristischen Person durch den Fiskus im Falle der Auflösung eines Vereins oder des Erlöschens einer Stiftung vollzieht sich nach den erbrechtlichen Bestimmungen; der zu solchen Vermögen gehörige Grundbesitz wird vom Fiskus ohne Auflassung und Eintragung erworben[26]).

c) Bei der Zwangsversteigerung erwirbt der Ersteher das Eigentum am Grundstück mit der Verkündung des Zuschlages[27]).

d) Bei der Änderung der Eigentumsverhältnisse auf Grund der landesgesetzlichen Vorschriften über Enteignung und Arrondierung[28]) findet der Eigentumsübergang gleichfalls ohne Auflassung und Eintragung statt. Nach Art. 40 des bayer. Flurbereinigungsgesetzes vom $\frac{29.\ \text{Mai}\ 1886}{30.\ \text{Juli}\ 1899}$ findet der Eigentumsübergang ohne weiteres an dem von der Flurbereinigungskommission in der Vollziehbarkeitserklärung zu bezeichnenden Tage statt.

Nach Art. 51 des A.G. z. Z.P.O. im Zusammenhalte mit dem bayer. Gesetze vom 17. November 1837, die Zwangsabtretung von Grundeigentum betr., wird der Abtretungsberechtigte nach Feststellung der Entschädigungssumme gegen deren Erlegung und der dem Abtretungspflichtigen erwachsenen Kosten antragsgemäß in die Abtretungsobjekte zur freier Verfügung von der Distriktsverwaltungsbehörde eingewiesen.

e) Für die Übertragung des Eigentums an einem Grundstücke, das im Grundbuch nicht eingetragen ist, und nach den Vorschriften des § 90 G.B.O. und der hierauf gestützten landesherrlichen Verordnung auch nach der Übertragung nicht eingetragen zu werden braucht, ist bestimmt[29]), daß lediglich die Einigung des Veräußerers und des Erwerbers darüber, daß das Eigentum übergehen soll, und die öffentliche Beurkundung der Erklärungen der beiden Teile erforderlich ist. Die Verordnung vom 1. Juli 1898, die vom Buchungszwang befreiten Grundstücke betr.[30]), hat vom Vorbehalte des § 90 G.B.O. in vollem Umfange Gebrauch gemacht; in § 1 dieser Verordnung ist bestimmt, daß die im § 90 der G.B.O. bezeichneten Grundstücke nur auf Antrag ein Grundbuchblatt erhalten.

---

[25]) § 1922 B.G.B.
[26]) §§ 45, 46, 88 B.G.B.
[27]) §§ 89, 90 Z.V.G.
[28]) E.G. z. B.G.B. Art. 109—113.
[29]) Art. 83 A.G. z. B.G.B., Art. 127 E.G. z. B.G.B.
[30]) G. u. V.Bl. 1898 S. 377.

Diese Grundstücke sind: die Grundstücke des Fiskus, der Kreis- und Distriktsgemeinden, der politischen und Kirchengemeinden, der Ortschaften, der öffentlichen Stiftungen, der Klöster und der Versicherungsanstalten für Invaliditäts- und Altersversicherung, die öffentlichen Wege und Gewässer, sowie solche Grundstücke, welche einem dem öffentlichen Verkehre dienenden Bahnunternehmen gewidmet sind; ferner die Grundstücke des Landesherrn und die Grundstücke, welche zum Hausgute oder Familiengut der landesherrlichen Familie, der fürstlichen Familie Hohenzollern oder der Familie des vormaligen Hannoverschen Königshauses, des vormaligen Kurhessischen und des vormaligen herzoglich Nassauischen Fürstenhauses gehören.

So lange also die in § 90 der G.B.O. aufgeführten Grundstücke ein Grundbuchblatt nicht erhalten haben, greift für die Übertragung des Eigentums an diesen der Art. 83 des A.G. z. B.G.B. Platz.

f) Durch Landesgesetz [31]) kann ohne Auflassung und Eintragung das dem Staate an einem Grundstück zustehende Eigentum auf einen Kommunalverband oder das einem Kommunalverband an einem Grundstück zustehende Eigentum auf einen anderen Kommunalverband oder auf den Staat übertragen werden.

IV. Eigentumserwerb durch Zeitablauf.

Das Bürgerliche Gesetzbuch hat im Prinzip den Eigentumserwerb an Grundstücken durch Zeitablauf d. h. durch Ersitzung nicht aufgenommen. Dieses Prinzip ist in zwei Fällen durchbrochen.

1. Es erwirbt derjenige, der als Eigentümer eines Grundstückes im Grundbuch eingetragen ist, ohne daß er das Eigentum erlangt hat, das Eigentum, wenn die Eintragung 30 Jahre bestanden, und er während dieser Zeit das Grundstück im Eigenbesitz gehabt hat[32]).

Die Voraussetzungen dieser Tabularersitzung sind demnach Eintragung des Eigentümers, Besitz des Grundstückes und ununterbrochene 30jährige Dauer dieser beiden Zustände; die 30jährige Frist wird in derselben Weise berechnet, wie die Frist für die Ersitzung einer beweglichen Sache; der Lauf der Frist ist gehemmt, so lange ein Widerspruch gegen die Richtigkeit der Eintragung im Grundbuch eingetragen ist[33]). Titel und guter Glaube sind für diese Ersitzung nicht erforderlich.

2. Es kann der Eigentümer eines Grundstückes, wenn das Grundstück seit 30 Jahren im Eigenbesitz eines andern ist, im Wege des Aufgebotsverfahrens mit seinem Rechte ausgeschlossen werden. Die Besitzzeit wird in gleicher Weise berechnet, wie die Frist für die Ersitzung einer beweglichen Sache. Ist der Eigentümer im Grundbuch eingetragen, so ist das Aufgebotsverfahren nur zulässig, wenn er ge-

[31]) Art. 126 d. E.G. z. B.G.B.
[32]) § 900 B.G.B.
[33]) § 900 B.G.B. Abs. 1, Satz 2 u. 3.

storben oder verschollen ist und eine Eintragung in das Grundbuch, die der Zustimmung des Eigentümers bedurfte, seit 30 Jahren nicht erfolgt ist; derjenige, welcher das Ausschlußurteil erwirkt hat, erlangt das Eigentum dadurch, daß er sich als Eigentümer in das Grundbuch eintragen läßt[34]). Während also § 900 B.G.B. die Ersitzung zu Gunsten eines im Grundbuch eingetragenen Nichteigentümers behandelt, ist durch § 927 B.G.B. eine Ersitzung zu Gunsten eines im Grundbuch nicht eingetragenen Nichteigentümers zugelassen.

Die Voraussetzungen dieses Eigentumserwerbs sind also: 30jähriger Eigenbesitz des Grundstückes, die Ausschließung des früheren Eigentümers durch ein Ausschlußurteil und Eintragung ins Grundbuch auf Grund des Ausschlußurteiles. Auch für diese Ersitzung ist weder Titel noch guter Glaube erforderlich.

Ist vor der Erlassung des Ausschlußurteils ein Dritter als Eigentümer oder wegen des Eigentums eines Dritten ein Widerspruch gegen die Richtigkeit des Grundbuches eingetragen worden, so wirkt das Urteil nicht gegen den Dritten[35]).

V. Eigentumserwerb durch Aneignung.

Das Recht zur Aneignung eines herrenlosen Grundstückes steht nur dem Fiskus des Bundesstaates zu, in dessen Gebiet das Grundstück liegt; der Fiskus erwirbt das Eigentum dadurch, daß er sich als Eigentümer in das Grundbuch eintragen läßt[36]). Es bleiben jedoch die landesgesetzlichen Vorschriften unberührt, nach welchen das Recht zur Aneignung an Stelle des Fiskus einer bestimmten anderen Person zusteht[37]).

VI. Schutz des Eigentums.

1. Der Eigentümer eines Grundstückes hat das Recht auf den unmittelbaren Besitz des Grundstückes[38]); sobald daher ein anderer den Besitz des Grundstückes erlangt, entsteht für den Eigentümer das Recht, von dem anderen die Einräumung des Besitzes zu verlangen; der Eigentümer hat in diesem Falle den Anspruch auf Herausgabe des Grundstückes, den sogen. Vindikationsanspruch[39]).

Die Vindikation steht dem Eigentümer gegen den jeweiligen Besitzer zu, sie bezweckt in erster Linie Herausgabe des Grundstückes; mit ihr können aber auch andere Ansprüche verfolgt werden: so kann der Eigentümer neben der Herausgabe des Grundstückes die Herausgabe der Grundstücksnutzungen verlangen.

---

[34]) § 927 B.G.B. Abs. 1 u. 2.
[35]) § 927 B.G.B. Abs. 3.
[36]) § 928 B.G.B.
[37]) Art. 129 E.G. z. B.G.B., Art. 190 E.G. z. B.G.B.
[38]) Cosack III, § 212.
[39]) § 985 B.G.B.

Der Besitzer hat nämlich dem Eigentümer die Nutzungen herauszugeben, die er nach dem Eintritt der Rechtshängigkeit zieht; zieht er nach diesem Zeitpunkte Nutzungen nicht, die er nach den Regeln einer ordnungsmäßigen Wirtschaft ziehen könnte, so ist er dem Eigentümer zum Ersatz verpflichtet, soweit ihm ein Verschulden zur Last fällt[40]). War der Besitzer bei dem Erwerb des Besitzes nicht im guten Glauben, so haftet er für die Nutzungen von der Zeit des Erwerbes an; erfährt der Besitzer später, daß er zum Besitze nicht berechtigt ist, so haftet er von der Erlangung der Kenntnis an[41]).

Für die Grundstücksnutzungen haftet also in der Regel nur der schlechtgläubige Besitzer. Diese Regel erleidet eine Ausnahme durch folgende Fälle:

Hat ein Besitzer, der die Sache als ihm gehörig oder zum Zwecke der Ausübung eines ihm in Wirklichkeit nicht zustehenden Nutzungsrechtes an der Sache besitzt, den Besitz unentgeltlich erlangt, so ist er dem Eigentümer gegenüber zur Herausgabe der Nutzungen, die er vor dem Eintritt der Rechtshängigkeit zieht, nach den Vorschriften über die Herausgabe einer ungerechfertigten Bereicherung verpflichtet[42]). Das gleiche gilt, wenn der redliche Besitzer Nutzungen gezogen hat, welche nach den Regeln einer ordnungsmäßigen Wirtschaft nicht als Ertrag der Sache anzusehen sind[43]). In diesen beiden Fällen haftet der gutgläubige Besitzer schon vor der Rechtshängigkeit des Eigentumsanspruches wegen ungerechtfertigter Bereicherung, also nur obligatorisch.

Der Eigentümer kann außer der Herausgabe des Grundstückes von dem Besitzer Ersatz des Schadens verlangen, der dadurch entsteht, daß infolge dessen Verschuldens die Sache verschlechtert wird, untergeht oder aus einem anderen Grunde von ihm nicht herausgegeben werden kann; der gutgläubige Besitzer ist für diesen Schaden verantwortlich vom Eintritt der Rechtshängigkeit an, der schlechtgläubige Besitzer von der Zeit des Erwerbes, bezw. von der Zeit der Erlangung der Kenntnis an, daß er zum Besitze nicht berechtigt ist[44]). Hat sich der Besitzer durch verbotene Eigenmacht oder durch eine strafbare Handlung den Besitz verschafft, so haftet er dem Eigentümer nach den Vorschriften über den Schadensersatz wegen unerlaubter Handlungen[45]).

Der Besitzer kann dem Vindikationsanspruch mit der Einrede eines besseren Rechts auf den Besitz des Grundstückes begegnen[46]); er kann weiter gegen die Vindikation den Anspruch auf Erstattung der Verwendungen erheben, die er auf das Grundstück gemacht hat[47]). Er

---

[40]) § 987 B.G.B.
[41]) § 990 B.G.B.
[42]) § 988 B.G.B.
[43]) § 993 B.G.B.
[44]) §§ 989, 990 B.G.B.
[45]) § 992 B.G.B.
[46]) § 986 B.G.B.
[47]) §§ 994, 683, 684, 995, 996, 998, 999 B.G.B.

kann die Herausgabe des Grundstückes verweigern, bis er wegen der ihm zu ersetzenden Verwendungen befriedigt wird. Das Zurückbehaltungsrecht steht ihm nicht zu, wenn er das Grundstück durch eine vorsätzlich begangene unerlaubte Handlung erlangt hat[48]). Den Anspruch auf den Ersatz der Verwendungen kann der Besitzer jedoch nur dann selbständig geltend machen, wenn der Eigentümer das Grundstück wiedererlangt oder die Verwendungen genehmigt hat. Bis zur Genehmigung der Verwendungen kann sich der Eigentümer von dem Anspruche dadurch befreien, daß er das wiedererlangte Grundstück zurückgibt. Die Genehmigung gilt als erteilt, wenn der Eigentümer das ihm von dem Besitzer unter Vorbehalt des Anspruches angebotene Grundstück annimmt[49]). Gibt der Besitzer das Grundstück dem Eigentümer heraus, so erlöscht der Anspruch auf den Ersatz der Verwendungen mit dem Ablaufe von 6 Monaten nach Herausgabe, wenn nicht vorher die gerichtliche Geltendmachung erfolgt oder der Eigentümer die Verwendungen genehmigt[50]).

Hat der Besitzer mit dem Grundstück eine andere Sache als wesentlichen Bestandteil verbunden, so kann er sie abtrennen und sich aneignen; er muß aber das Grundstück auf seine Kosten in den vorigen Stand setzen. Das Recht zur Abtrennung ist ausgeschlossen, wenn die Verbindung vor dem Eintritt der Rechtshängigkeit oder dem Beginn der Unredlichkeit erfolgt ist und sich als eine gewöhnliche Aufwendung zur Erhaltung des herauszugebenden Grundstückes darstellt, oder die Abtrennung für den Besitzer keinen Nutzen hat, oder ihm mindestens der Wert ersetzt wird, den der Bestandteil nach der Abtrennung für ihn haben würde[51]).

2. Wird das Eigentum in anderer Weise als durch Entziehung oder Vorenthaltung des Besitzes beeinträchtigt, so kann der Eigentümer von dem Störer die Beseitigung der Beeinträchtigung verlangen; sind weitere Beeinträchtigungen zu besorgen, so kann der Eigentümer auf Unterlassung klagen; der Anspruch ist ausgeschlossen, wenn der Eigentümer zur Duldung verpflichtet ist[52]).

Dieser Anspruch wegen Eigentumsstörung entspricht der actio negatoria des gemeinen Rechts.

VII. Verlust des Eigentums.

1. Immer tritt Verlust des Eigentums ein bei einem Eigentumserwerbe; der bisherige Eigentümer verliert das Eigentum, der neue Eigentümer erwirbt es[53]).

---

48) § 1000 B.G.B.
49) § 1001 B.G.B.
50) § 1002 B.G.B.
51) §§ 997, 258 B.G.B. Planck, Anm. 2 zu § 997.
52) § 1004 B.G.B.
53) Cosack II, § 215.

2. Das Eigentum erlischt mit dem Untergange des Grundstückes.

3. Das Eigentum erlischt durch Verzicht; der Verzicht muß dem Grundbuchamt gegenüber erklärt und in das Grundbuch eingetragen werden[54]) [55]).

V. Kapitel.

Miteigentum.

Das Bürgerliche Gesetzbuch hat in dem dritten Buche „Sachenrecht" dem Miteigentum nur wenige Bestimmungen gewidmet; die Regeln für das Miteigentum ergeben sich aus Rechtssätzen, die im zweiten, vierten und fünften Buche behandelt sind; vor allem gehören hierher die Vorschriften über Gemeinschaft, Gesellschaft, über Güterstand und über Erbengemeinschaft[1a]).

Beim Grundstücksmiteigentum liegt entweder Miteigentum nach Bruchteilen oder eine Gemeinschaft zur gesamten Hand vor[1b]). Es bildet das Miteigentum nach Bruchteilen die Regel[2]); Gemeinschaft zur gesamten Hand besteht nur an dem Grundstücke einer Gesellschaft des Bürgerlichen Gesetzbuches, an dem Grundstücke, das zum Gesamtgute einer allgemeinen Gütergemeinschaft, zu einer fortgesetzten Gütergemeinschaft, einer Fahrnisgemeinschaft, einer Errungenschaftsgemeinschaft oder zu einem mehreren Erben gehörigen Nachlasse gehört[3]).

Beim Miteigentum nach Bruchteilen ist jeder Teilhaber berechtigt, über seinen Anteil zu verfügen, also ihn zu veräußern und zu belasten; nur über den gemeinschaftlichen Gegenstand im ganzen können die Teilhaber nur gemeinschaftlich verfügen[4]). Bei der Gemeinschaft zur gesamten Hand dagegen gehört das Grundstück den Gesellschaftern zur gesamten Hand; keinem der Gemeinschafter steht ein Bruchteil an dem Grundstücke zu, über den er selbständig verfügen könnte; es ist nur die Verfügung über ein Grundstück, das zum Vermögen einer gesamten Hand gehört, als Ganzes möglich, und hiezu ist die Mitwirkung aller Gemeinschafter erforderlich.

Für das Miteigentum gelten im allgemeinen dieselben rechtlichen Bestimmungen wie für das Alleineigentum.

Die speziellen Bestimmungen des Bürgerlichen Gesetzbuches für das Miteigentum sind folgende:

Es kann die gemeinschaftliche Sache auch zu Gunsten eines Miteigentümers belastet werden; die Belastung eines gemeinschaftlichen

---

[54]) § 928 Abs. 1 B.G.B.

[55]) Für die Übergangszeit gelten: Art. 181, Art. 186, 189 E.G. z. B.G.B.

[1a]) §§ 741 ff; §§ 718 ff; §§ 1442, 1471, 1519, 1549, 2033, 2040 Abs. 1 B.G.B.

[1b]) Achilles S. 36.

[2]) § 741 B.G.B.

[3]) §§ 719, 1442, 1471, 1487, 1519, 1549, 2033, 2040 B.G.B.

[4]) § 747 B.G.B.

Grundstückes zu Gunsten des jeweiligen Eigentümers eines anderen Grundstückes, sowie die Belastung eines anderen Grundstückes zu Gunsten des jeweiligen Eigentümers des gemeinschaftlichen Grundstückes wird nicht dadurch ausgeschlossen, daß das andere Grundstück einem Miteigentümer des gemeinschaftlichen Grundstückes gehört[5]).

Eine eigenartige dingliche Belastung der Miteigentumsanteile ist durch die folgenden Bestimmungen geschaffen[6]):

Haben die Miteigentümer die Verwaltung und Benützung geregelt oder das Recht, die Aufhebung der Gemeinschaft zu verlangen, für immer oder auf Zeit ausgeschlossen oder eine Kündigungsfrist bestimmt, so wirkt die getroffene Bestimmung gegen den Sonderrechtsnachfolger des Miteigentümers nur, wenn die Belastung des Anteiles im Grundbuch eingetragen ist[7]).

Haften die Miteigentümer als Gesamtschuldner für eine Verbindlichkeit, die sie in Gemäßheit des § 748 B.G.B. nach dem Verhältnisse ihrer Anteile zu erfüllen haben, oder die sie zum Zwecke der Erfüllung einer solchen Verbindlichkeit eingegangen sind, so kann jeder Miteigentümer bei der Aufhebung der Gemeinschaft verlangen, daß die Schuld aus dem gemeinschaftlichen Gegenstande berichtigt wird; dieser Anspruch kann gegen den Sonderrechtsnachfolger eines Miteigentümers nur geltend gemacht werden, wenn er im Grundbuch eingetragen ist[8]).

Hat der Miteigentümer gegen einen anderen Miteigentümer eine Forderung, die sich auf die Gemeinschaft gründet, so kann er bei der Aufhebung der Gemeinschaft die Berichtigung seiner Forderung aus dem auf den Schuldner entfallenden Teile des gemeinschaftlichen Grundstückes verlangen; auch dieser Anspruch wirkt gegen den Sonderrechtsnachfolger des Miteigentümers nur dann, wenn er im Grundbuch eingetragen ist[9]).

Schließlich ist bestimmt, daß jeder Miteigentümer die Ansprüche aus dem Eigentum Dritten gegenüber in Ansehung der ganzen Sache geltend machen kann[10])[11]).

VI. Kapitel.

Das Erbbaurecht.

I. Begriff.

Ein Grundstück kann in der Weise belastet werden, daß demjenigen, zu dessen Gunsten die Belastung erfolgt, das veräußerliche und vererb-

---

[5]) § 1009 B.G.B.

[6]) Achilles S. 19.

[7]) § 1010 B.G.B.; über Aufhebung der Gemeinschaft nach Bruchteilen siehe §§ 752, 753 B.G.B.

[8]) §§ 755, 1010 Abs. 2 B.G.B.

[9]) §§ 756, 1010 Abs. 2 B.G.B.

[10]) § 1011 B.G.B.

[11]) Für die Übergangszeit sind zu beachten: Art. 173, 181 Abs. 2 E.G. z. B.G.B., Art. 40, 41, 42 Abs. 3 des Ü.G.

liche Recht zusteht, auf oder unter der Oberfläche des Grundstückes ein Bauwerk zu haben[1]); das Erbbaurecht ist sohin das veräußerliche und vererbliche Recht, auf oder unter der Oberfläche des belasteten Grundstückes ein Bauwerk, z. B. ein Haus oder einen Keller zu besitzen. Das Erbbaurecht entspricht der superficies des gemeinen Rechtes; es darf sich jedoch nur auf Bauwerke beziehen; unter Bauwerk ist jede bauliche Anlage zu verstehen[2]).

Die Beschränkung des Erbbaurechtes auf einen Teil eines Gebäudes, insbesondere ein Stockwerk ist unzulässig; dagegen kann das Erbbaurecht auf die Benützung eines für das Bauwerk nicht erforderlichen Teiles des Grundstückes erstreckt werden, wenn sie für die Benützung des Bauwerkes Vorteile bietet, z. B. auf die Benützung eines Grundstückteiles als Hofraum[3]).

Das Bauwerk des Erbbauberechtigten steht in dessen Eigentum; es gehören nämlich Gebäude oder andere Werke, die in Ausübung eines Rechtes an einem fremden Grundstück von dem Berechtigten mit dem Grundstücke verbunden sind, nicht zu den Bestandteilen des Grundstückes[4]).

II. Begründung des Erbbaurechtes.

Das Erbbaurecht, dessen Inhalt durch Parteivereinbarung bestimmt wird, wird wie das Eigentum durch Auflassung und Eintragung ins Grundbuch begründet; es wird auf die Ausführungen beim Eigentumserwerb Bezug genommen[5]).

Die zur Bestellung des Erbbaurechts erforderliche Einigung des Eigentümers und des Erwerbers muß bei gleichzeitiger Anwesenheit beider Teile vor dem Grundbuchamt, in Bayern auch vor dem Notar erklärt werden. Im Gegensatze zur Auflassung beim Eigentum ist jedoch bei der zur Bestellung des Erbbaurechtes erforderlichen Einigung die Hinzufügung einer Bedingung oder einer Zeitbestimmung zulässig[6]). Das Erbbaurecht kann auch durch Tabularersitzung begründet werden. Es finden nämlich die Vorschriften über Eigentumstabularersitzung entsprechende Anwendung, wenn für jemand ein ihm zustehendes Recht im Grundbuch eingetragen ist, das zum Besitz des Grundstückes berechtigt oder dessen Ausübung nach den für den Besitz geltenden Vorschriften geschützt ist[7]).

---

1) § 1012 B.G.B.
2) Achilles S. 45.
3) § 1013 B.G.B. Staudinger III § 1013.
4) § 95 B.G.B.
5) Siehe Kapitel IV unter II.
6) § 1015 B.G.B. Staudinger III Anm. 1 zu § 1015; Art. 143 E.G. z. B.G.B.; Art. 81 des A.G. z. B.G.B.
7) § 900 Abs. 2 B.G.B.; über Tabularersitzung siehe Kapitel IV unter IV.

III. Übertragung des Erbbaurechtes.

Die für den Erwerb des Eigentumes und die Ansprüche aus dem Eigentum geltenden Vorschriften finden auf das Erbbaurecht entsprechende Anwendung; die Übertragung des Erbbaurechtes erfolgt sohin nach denselben Vorschriften wie die Übertragung des Eigentums [8]).

Im übrigen gelten für das Erbbaurecht die sich auf Grundstücke beziehenden Vorschriften [9]). Hienach kann das Erbbaurecht auch mit dinglichen Rechten belastet werden; das Erbbaurecht erhält auf Antrag ein besonderes Grundbuchblatt; wenn das Erbbaurecht veräußert oder belastet werden soll, so wird ein besonderes Grundbuchblatt von Amts wegen angelegt [10]).

IV. Aufhebung des Erbbaurechtes.

Das Erbbaurecht wird aufgehoben durch die einseitige Verzichtserklärung des Berechtigten dem Grundbuchamt oder demjenigen gegenüber, zu dessen Gunsten sie erfolgt, und durch die Löschung des Erbbaurechtes im Grundbuche [11]). Ist das Erbbaurecht mit dem Rechte eines Dritten belastet, so ist zur Aufhebung auch die Zustimmung des Dritten erforderlich; diese Zustimmung ist wiederum dem Grundbuche oder demjenigen gegenüber abzugeben, zu dessen Gunsten sie erfolgt; sie ist unwiderruflich.

Das Erbbaurecht erlischt ferner mit dem Untergang des Baugrundstückes, während der Untergang des Bauwerkes selbst das Erlöschen des Erbbaurechtes nicht zur Folge hat [12]).

Außerdem erlischt das Erbbaurecht durch den Zuschlag im Zwangsversteigerungsverfahren, wenn es nicht nach den Versteigerungsbedingungen oder nach einer Vereinbarung zwischen dem Berechtigten und dem Ersteher bestehen bleibt [13]).

Schließlich erlischt das Erbbaurecht, wenn es im Grundbuche mit Unrecht gelöscht ist und der Anspruch des Berechtigten gegen den Eigentümer verjährt ist [14]) [15]).

---

[8]) § 1017 Abs. 2 B.G.B.; über Übertragung des Eigentums siehe Kap. IV unter II, III; über Schutz des Eigentums siehe Kap. IV unter VI.

[9]) § 1017 Abs. 1 B.G.B.

[10]) § 7 G.B.O.

[11]) § 1017 Abs. 1, 875, 876 B.G.B.

[12]) § 1016 B.G.B.

[13]) § 91 Z.V.G.

[14]) § 901 B.G.B.

[15]) Für die Übergangszeit: Art. 184 E.G. z. B.G.B.

VII. Kapitel.

Die Grunddienstbarkeiten.

I. Begriff.

Der Begriff der Grunddienstbarkeiten ergibt sich aus den §§ 1018, 1019 B.G.B. Hienach kann ein Grundstück zu Gunsten des jeweiligen Eigentümers eines anderen Grundstückes in der Weise belastet werden, daß dieser das Grundstück in einzelnen Beziehungen benützen darf, oder daß auf dem Grundstücke gewisse Handlungen nicht vorgenommen werden dürfen, oder daß die Ausübung eines Rechtes ausgeschlossen ist, das sich aus dem Eigentum an dem belasteten Grundstück dem andern Grundstück gegenüber ergibt[1]); eine Grunddienstbarkeit kann nur in einer Belastung bestehen, die für die Benützung des Grundstückes des Berechtigten Vorteil bietet[2]).

Unter Grunddienstbarkeit ist demnach ein Recht zu verstehen, welches zum Zwecke der vorteilhaften Benützung eines Grundstückes dem jeweiligen Eigentümer dieses Grundstückes an einem anderen Grundstück in einer das andere Grundstück belastenden Weise zusteht und zwar so, daß der Berechtigte das belastete Grundstück in einzelnen Beziehungen benützen, z. B. über dasselbe gehen oder fahren darf, oder daß der Berechtigte auf dem belasteten Grundstück gewisse Handlungen verbieten darf, z. B. das Bauen, oder daß der jeweilige Eigentümer des belasteten Grundstückes bestimmte aus seinem Eigentum fließende Rechte dem Grundstücke des Berechtigten gegenüber nicht geltend machen darf, daß z. B. der jeweilige Eigentümer des belasteten Grundstückes die Zuführung von Rauch und Ruß vom Grundstück des Berechtigten entgegen der Bestimmung des § 906 B.G.B. dulden muß[3]). Ausgeschlossen ist hienach, daß ein Grundstück mit einer Grunddienstbarkeit in der Weise belastet wird, daß der jeweilige Eigentümer des belasteten Grundstückes zu einer positiven Handlung verpflichtet ist; für diesen besteht nach obigem vielmehr nur die Verpflichtung zu einer Duldung oder zu einer Unterlassung. Diese Regel erleidet jedoch eine Ausnahme durch die folgenden Bestimmungen:

Gehört zur Ausübung einer Grunddienstbarkeit eine Anlage auf dem belasteten Grundstücke, so kann bestimmt werden, daß der Eigentümer dieses Grundstückes die Anlage zu unterhalten hat, soweit es das Interesse des Berechtigten erfordert[4]); besteht ferner die Grunddienstbarkeit in dem Rechte, auf einer baulichen Anlage des belasteten Grundstückes eine bauliche Anlage zu halten, so hat, wenn nicht ein

---

[1]) § 1018 B.G.B.
[2]) § 1019 B.G.B.
[3]) Staudinger III § 1018 Anm. II.
[4]) § 1021 B.G.B.

anderes bestimmt ist, der Eigentümer des belasteten Grundstückes seine Anlage zu unterhalten, soweit es das Interesse des Berechtigten erfordert[5]).

Berechtigt und verpflichtet können aus einer Grunddienstbarkeit nur die jeweiligen Eigentümer eines Grundstückes werden; die Grunddienstbarkeit besteht nur zwischen Grundstück und Grundstück; den Grundstücken stehen aber gleich die Rechte, für welche die auf Grundstücke sich beziehenden Vorschriften gelten; es kann deshalb eine Grunddienstbarkeit sowohl zu Gunsten, als wie auch zu Lasten eines Erbbaurechtes bestellt werden[6]).

II. Begründung der Grunddienstbarkeiten.

Die Grunddienstbarkeit, deren Inhalt im gesetzlichen Rahmen durch Parteivereinbarung bestimmt wird, wird entweder durch Einigung und Eintragung oder durch Tabularersitzung begründet; es wird auf die Ausführungen beim Eigentumserwerb verwiesen[7]).

Unberührt bleiben die landesgesetzlichen Vorschriften über die Begründung und Aufhebung einer Dienstbarkeit an einem Grundstücke, das im Grundbuch nicht eingetragen ist und nach den Vorschriften der Grundbuchordnung nicht eingetragen zu werden braucht[8]). Auf Grund dieses Vorbehaltes ist für Bayern bestimmt[9]), daß zur Begründung einer Dienstbarkeit an einem Grundstücke, das im Grundbuch nicht eingetragen ist und nach den Vorschriften der Grundbuchordnung nicht eingetragen zu werden braucht, die Einigung des Bestellers und des Erwerbers darüber, daß das Grundstück mit der Dienstbarkeit belastet werden soll, erforderlich ist. Die Erklärung des Bestellers muß in öffentlich beglaubigter Form abgegeben werden. Die Eintragung der Grunddienstbarkeit ist also erlassen.

Eine Grunddienstbarkeit, die zu der Zeit besteht, zu welcher das Grundbuch als angelegt anzusehen ist, bedarf weder zu ihrem Fortbestande noch zur Erhaltung der Wirksamkeit gegenüber dem öffentlichen Glauben des Grundbuches der Eintragung; durch Landesgesetz kann jedoch bestimmt werden, daß die bestehenden Grunddienstbarkeiten oder einzelne Arten zur Erhaltung der Wirksamkeit gegenüber dem öffentlichen Glauben des Grundbuches eingetragen werden müssen[10]). Für Bayern ist bestimmt[11]), daß Grunddienstbarkeiten, die zu der Zeit bestehen, zu welcher das Grundbuch als angelegt anzusehen ist, zur Erhaltung der Wirksamkeit gegenüber dem öffentlichen Glauben in das Grundbuch eingetragen werden müssen. Nur Grunddienstbarkeiten, mit denen das Halten einer dauernden Anlage verbunden ist, sind der Ein-

[5]) § 1022 B.G.B.
[6]) Cosack § 218 I 3,a.
[7]) Kap. IV unter II u. IV.
[8]) E.G. z. B.G.B. Art. 128.
[9]) Art. 84 des A.G. z. B.G.B.
[10]) Art. 187 E.G. z. B.G.B.
[11]) Art. 10 des Ü.G. z. B.G.B.

tragung solange nicht unterworfen, als die Anlage besteht. Der Beginn wie die Dauer der Frist für die Anmeldung der einzutragenden Grunddienstbarkeiten werden durch k. Verordnung bestimmt; die Frist muß jedoch mindestens 6 Monate betragen.

Eine diesbezügliche k. Verordnung ist bis jetzt noch nicht erlassen. Gem. Art. 44 des Gesetzes, betr. die Übergangsvorschriften zum Bürgerlichen Gesetzbuch im Zusammenhalt mit Art. 187 des E.G. z. B.G.B. Abs. 1 Satz 2 kann jedoch seit der Verkündigung des ersteren Gesetzes[12]) die Eintragung von Grunddienstbarkeiten in das Hypothekenbuch von dem Berechtigten und von dem Eigentümer des belasteten Grundstückes verlangt werden.

III. Ausübung der Grunddienstbarkeit.

Der Berechtigte hat vor allem das Interesse des Eigentümers des belasteten Grundbesitzes tunlichst zu schonen; das „civiliter uti“ des gemeinen Rechtes ist in dieser Bestimmung wiedergegeben[13]).

Hält der Berechtigte zur Ausübung der Dienstbarkeit auf dem belasteten Grundbesitze eine Anlage, so hat er sie im ordnungsgemäßen Zustande zu erhalten, soweit das Interesse des Eigentümers es erfordert[14]). Beschränkt sich die jeweilige Ausübung einer Grunddienstbarkeit auf einen Teil des belasteten Grundstückes, so kann der Eigentümer die Verlegung der Ausübung auf eine andere, für den Berechtigten ebenso geeignete Stelle, verlangen, wenn die Ausübung an der bisherigen Stelle für ihn besonders beschwerlich ist. Die Kosten der Verlegung hat der Eigentümer des belasteten Grundstückes zu tragen und vorzuschießen. Dies gilt auch dann, wenn der Teil des Grundstückes, auf den sich die Ausübung beschränkt, durch Rechtsgeschäft bestimmt ist; dieses Recht auf Verlegung kann durch Rechtsgeschäft nicht ausgeschlossen oder beschränkt werden[15]).

Trifft eine Grunddienstbarkeit mit einer anderen Grunddienstbarkeit oder einem sonstigen Nutzungsrecht an einem Grundstücke dergestalt zusammen, daß die Rechte nebeneinander nicht oder nicht vollständig ausgeübt werden können, und haben die Rechte gleichen Rang, so kann jeder Berechtigte eine den Interessen aller Berechtigten nach billigem Ermessen entsprechende Regelung der Ausübung verlangen[16]). Diese Regelung ist im Falle des Mißlingens einer gütlichen Einigung im Prozeßwege zu erzwingen.

Wird das Grundstück des Berechtigten geteilt, so besteht die Grunddienstbarkeit für die einzelnen Teile fort; die Ausübung ist im

---

[12]) Die Verkündung erfolgte am 1. VII. 1899; vgl. hierher J.M.B. vom 14. IX. 1899. bei Henle-Schneider Art. 44 Anm. 2.

[13]) § 1020 Satz 1 B.G.B.

[14]) § 1020 Satz 2 B.G.B.

[15]) § 1023 B.G.B.

[16]) § 1024 B.G.B.

Zweifel nur in der Weise zulässig, daß sie für den Eigentümer des belasteten Grundstückes nicht beschwerlicher wird[17])

Wird das belastete Grundstück geteilt, so werden, wenn die Ausübung der Grunddienstbarkeit auf einen bestimmten Teil des belasteten Grundstückes beschränkt ist, die Teile, welche außerhalb des Bereiches der Ausübung liegen, von der Dienstbarkeit frei[18]).

Gegen eine Beeinträchtigung in der Ausübung der Grunddienstbarkeit kann sich der Berechtigte mit der Klage auf Beseitigung der Beeinträchtigung und Unterlassung künftiger, zu besorgender Beeinträchtigungen wenden[19]).

Außerdem finden die für den Besitzschutz geltenden Vorschriften entsprechende Anwendung, wenn der Besitzer eines Grundstückes in der Ausübung einer für den Eigentümer im Grundbuch eingetragenen Grunddienstbarkeit gestört wird und zwar soweit die Dienstbarkeit innerhalb eines Jahres vor der Störung, sei es auch nur einmal, ausgeübt worden ist[20]).

IV. Aufhebung der Grunddienstbarkeit.

Die Grunddienstbarkeit wird aufgehoben durch Erklärung des Berechtigten, daß er das Recht aufgebe und durch die Löschung des Rechtes im Grundbuch; die Erklärung ist dem Grundbuchamt oder demjenigen gegenüber abzugeben, zu dessen Gunsten sie erfolgt[21]).

Weitere Aufhebungsgründe sind Untergang des dienenden oder herrschenden Grundstückes und Zuschlag im Zwangsversteigerungsverfahren[22]).

Einen Untergang der Grunddienstbarkeiten durch Verjährung oder Nichtausübung kennt das Bürgerliche Gesetzbuch nicht; eine Ausnahme ist geschaffen: Ist nämlich auf dem belasteten Grundstück eine Anlage, durch welche die Grunddienstbarkeit beeinträchtigt wird, errichtet worden, so unterliegt der Anspruch des Berechtigten auf Beseitigung der Beeinträchtigung der Verjährung, auch wenn die Dienstbarkeit im Grundbuch eingetragen ist; mit der Verjährung des Anspruches erlischt die Dienstbarkeit, soweit der Bestand der Anlage mit ihr in Widerspruch steht. Die Vorschriften des § 892 über das Prinzip des öffentlichen Glaubens des Grundbuches finden für diesen Fall keine Anwendung[23]).

Die Grunddienstbarkeit erlischt auch nicht durch Konfusion. Das Bürgerliche Gesetzbuch bestimmt ausdrücklich, daß ein Recht an einem fremden Grundstück nicht dadurch erlischt, daß der Eigentümer des Grundstückes

---

[17]) § 1025 B.G.B.

[18]) § 1026 B.G.B.

[19]) §§ 1027, 1004 B.G.B.

[20]) §§ 1029, 859 ff. B.G.B.; siehe auch Art. 191 der E.G. z. B.G.B. u. Art. 45 des Ü.G.

[21]) §§ 875, 876 B.G.B.

[22]) § 91 des Z.V.G.

[23]) § 1028 B.G.B.

das Recht oder der Berechtigte das Eigentum an dem Grundstücke erwirbt[24]).

Dagegen erlöschen auch die Grunddienstbarkeiten, wenn sie im Grundbuch mit Unrecht gelöscht sind und wenn der Anspruch des Berechtigten gegen den Eigentümer verjährt ist[25]).

Gem. Art. 189 Abs. 3 E.G. z. B.G.B. erfolgt die Aufhebung eines Rechtes, mit dem ein Grundstück oder ein Recht an einem Grundstück zu der Zeit belastet ist, zu welcher das Grundbuch als angelegt anzusehen ist, auch nach dieser Zeit nach den bisherigen Gesetzen, bis das Recht in das Grundbuch eingetragen wird.

Nach dieser Vorschrift würden alle vor der Anlegung des Grundbuches entstandenen Grunddienstbarkeiten nach den bisherigen Vorschriften erlöschen, bis zu dem Zeitpunkte, zu dem sie in das Grundbuch eingetragen werden.

Um die Mannigfaltigkeit der bisher in Bayern geltenden Vorschriften nicht aufrecht zu erhalten, hat das Übergangsgesetz zum Bürgerlichen Gesetzbuch auf Grund der Vorbehalte des Einführungsgesetzes zum Bürgerlichen Gesetzbuch einheitliche Bestimmungen für das Erlöschen solcher nicht eingetragener Grunddienstbarkeiten geschaffen[26]).

Es ist zur Aufhebung der Grunddienstbarkeit die in öffentlich beglaubigter Form abgegebene Erklärung des Berechtigten gegenüber dem Eigentümer erforderlich, daß er die Grunddienstbarkeit aufgebe; die Vorschriften des § 876 B.G.B. finden hierbei entsprechende Anwendung[27]).

Die Grunddienstbarkeit erlischt mit dem Ablaufe von 10 Jahren nach der letzten Ausübung. Hat eine Ausübung nicht stattgefunden, so beginnt die 10jährige Frist mit dem Zeitpunkte, von dem an die Ausübung zulässig war. Für die Frist gelten die Vorschriften des Bürgerlichen Gesetzbuches über die Hemmung und die Unterbrechung der Verjährung.

Der Lauf der Erlöschungsfrist wird nicht dadurch gehemmt, daß die Dienstbarkeit nur zeitweilig ausgeübt werden kann; die Frist endigt jedoch in diesem Falle nicht, bevor die Zeit, zu welcher die Ausübung zulässig war, zum zweiten Male eingetreten und seit dem zweiten Eintritt 1 Jahr verstrichen ist[28]).

Die Grunddienstbarkeit erlischt ferner, wenn sie sich mit dem Eigentum an dem belasteten Grundstück vereinigt[29]), und schließlich kann der Berechtigte mit seinem Rechte im Wege des Aufgebotsverfahrens aus-

---

[24]) § 889 B.G.B.

[25]) § 901 B.G.B.

[26]) Art. 189, 218 E.G. z. B.G.B, Art. 11—17 des Ü.G.; Henle-Schneider Vorbemerkung vor Art. 11.

[27]) Art. 12 des Ü.G.

[28]) Art. 13 des Ü.G.

[29]) Art. 14 des Ü.G. Das B.G.B. läßt Konfusion als Erlöschungsgrund nicht zu; siehe § 889 B.G.B. u. oben.

geschlossen werden, wenn die Grunddienstbarkeit dem Eigentümer unbekannt ist[30]).

Der Inhalt der Vorschriften der Art. 12 und 13 des Ü.G. gilt auch für die Aufhebung von Grunddienstbarkeiten an einem Grundstück, das im Grundbuch nicht eingetragen ist und auch nach den Vorschriften der Grundbuchordnung nicht eingetragen zu werden braucht[31])[32]).

VIII. Kapitel.

Der Nießbrauch.

Das Bürgerliche Gesetzbuch läßt den Nießbrauch auch an unbeweglichen Sachen zu.

I. Begriff und Inhalt.

Ein Grundstück kann in der Weise belastet werden, daß derjenige, zu dessen Gunsten die Belastung erfolgt, berechtigt ist, die Nutzungen des Grundstückes zu ziehen. Unter Nießbrauch ist sohin das Recht, die Nutzungen einer Sache zu ziehen, zu verstehen. Der Nießbrauch kann durch den Ausschluß einzelner Nutzungen beschränkt werden; er ist nicht übertragbar und unvererblich[1]).

Die Nutzungen einer Sache sind die Früchte einer Sache, sowie die Vorteile, welche der Gebrauch der Sache gewährt; mit dem Nießbrauch an einem Grundstück erlangt der Nießbraucher den Nießbrauch an dem Zubehör mangels einer besonderen gegenteiligen Abrede[2]); dagegen erstreckt sich das Recht des Nießbrauches nicht auf den Anteil des Eigentümers an einem Schatze, der in der Sache gefunden wird[3]).

Der Nießbraucher ist zum Besitze der Sache berechtigt; bei Ausübung des Nutzungsrechtes hat er jedoch die bisherige wirtschaftliche Bestimmung der Sache aufrecht zu erhalten und nach den Regeln einer ordnungsgemäßen Wirtschaft zu verfahren[4]); er ist nicht berechtigt, die Sache umzugestalten oder wesentlich zu verändern; doch darf er neue Anlagen zur Gewinnung von Stein, Kies, Sand, Lehm, Ton, Mergel, Torf und sonstigen Bodenbestandteilen errichten, sofern nicht die wirtschaftliche Bestimmung des Grundstückes dadurch wesentlich verändert

---

[30]) Art. 15, 16, 17, 18 Ü.G.

[31]) Art. 84 des A.G. z. B.G.B Abs. 2 u. 3, der wörtlich mit Art. 12 u. 13 des Ü.G. übereinstimmt, und Art. 128 E.G. z. B.G.B.

[32]) Siehe über die der Landesgesetzgebung gemachten Vorbehalte auch noch Art. 109, 113, 114, 115 E.G. z. B.G.B.; für die Übergangszeit sind noch maßgebend: Art. 189 E.G. z. B.G.B., Art. 134 E.G. z. B.G.B., Art. 191 E.G. z. B.G.B., Art. 45 des Ü.G.

[1]) §§ 1030, 1059, 1061 B.G.B.

[2]) § 1031 B.G.B., § 100 B.G.B.

[3]) § 1040 B.G.B.

[4]) § 1036 B.G.B.

wird [5]). Ist ein Wald Gegenstand des Nießbrauches, so kann sowohl der Eigentümer als der Nießbraucher verlangen, daß das Maß der Nutzung und die Art der wirtschaftlichen Behandlung durch einen Wirtschaftsplan festgestellt werden. Hierbei kann jeder Teil eine entsprechende Abänderung des Wirtschaftsplanes begehren, wenn eine erhebliche Änderung der Umstände eintritt [6]). Bei dem Nießbrauch an einem Inbegriff von Sachen sind Nießbraucher und Eigentümer einander verpflichtet, zur Aufnahme eines Verzeichnisses der Sachen mitzuwirken [7]). Diesem Verzeichnisse kommt rechtlich nur die Bedeutung einer Beweisurkunde zu [8]). In allen Fällen kann sowohl der Nießbraucher wie der Eigentümer den Zustand der Sache auf seine Kosten durch Sachverständige feststellen lassen [9]).

Der Nießbraucher erwirbt das Eigentum an den Früchten mit der Trennung [10]); er erwirbt das Eigentum auch an solchen Früchten, die er den Regeln einer ordnungsgemäßen Wirtschaft zuwider oder die er deshalb im Übermaße zieht, weil dies infolge eines besonderen Ereignisses notwendig geworden ist; er ist jedoch, unbeschadet seiner Verantwortlichkeit für ein Verschulden, verpflichtet, bei Beendigung des Nießbrauches den Wert der Früchte dem Eigentümer zu ersetzen und für die Erfüllung dieser Verpflichtung Sicherheit zu leisten [11]). Ist ein Grundstück samt Inventar ohne Bestimmung eines Schätzungswertes Gegenstand des Nießbrauches, so kann der Nießbraucher über die einzelnen Stücke des Inventars innerhalb der Grenzen einer ordnungsgemäßen Wirtschaft verfügen; er hat für den gewöhnlichen Abgang, sowie für die nach den Regeln einer ordnungsmäßigen Wirtschaft ausscheidenden Stücke Ersatz zu beschaffen; die von ihm angeschafften Stücke werden mit der Einverleibung in das Inventar Eigentum desjenigen, welchem das Inventar gehört.

Übernimmt dagegen der Nießbraucher das Inventar zum Schätzungswerte mit der Verpflichtung, es bei der Beendigung des Nießbrauches zum Schätzungswerte zurückzugewähren, dann haftet er, wie der Pächter; er trägt die Gefahr des zufälligen Unterganges und einer zufälligen Verschlechterung des Inventars; ist der Gesamtschätzungswert der übernommenen Stücke höher oder niedriger als der Gesamtschätzungswert der zurückzugewährenden Stücke, so hat der Nießbraucher dem Eigentümer (oder umgekehrt) den Mehrbetrag zu ersetzen [12]).

Der Nießbraucher hat für die Erhaltung der Sache in ihrem wirtschaftlichen Bestande zu sorgen. Ausbesserungen und Erneuerungen

---

5) § 1037 B.G.B.
6) § 1038 B.G.B.
7) § 1035 B.G.B.
8) Staudinger III § 1035 Anm. 2.
9) § 1034 B.G.B.
10) § 954 B.G.B.
11) § 1039 B.G.B.
12) § 1048, §§ 588, 589 B.G.B.

liegen ihm nur insoweit ob, als sie zu der gewöhnlichen Unterhaltung der Sache gehören[13]).

Außergewöhnliche Ausbesserungen fallen ihm nicht zur Last; dagegen ist der Eigentümer dem Nießbraucher gegenüber nicht verpflichtet, außergewöhnliche Reparaturen vorzunehmen. Der Nießbraucher hat dem Eigentümer unverzüglich Anzeige zu erstatten, wenn die Sache zerstört oder beschädigt wird oder wenn eine außergewöhnliche Ausbesserung oder Erneuerung der Sache oder eine Vorkehrung zum Schutze der Sache gegen eine nicht vorhergesehene Gefahr erforderlich wird[14]).

Nimmt der Nießbraucher des Grundstückes eine erforderlich gewordene außergewöhnliche Ausbesserung oder Erneuerung selbst vor, so darf er zu diesem Zwecke innerhalb der Grenzen einer ordnungsmäßigen Wirtschaft auch Bestandteile des Grundstückes verwenden, die nicht zu den ihm gebührenden Früchten gehören[15]); nimmt er dagegen eine solche Ausbesserung oder Erneuerung nicht selbst vor, so hat er dem Eigentümer die Vornahme zu gestatten, der gleich ihm hierzu auch die Bestandteile des Grundstückes verwenden darf, die nicht zu den dem Nießbraucher gebührenden Früchten gehören[16]).

Der Nießbraucher hat für die Dauer des Nießbrauches die Kosten der Versicherung der Sache gegen Brandschaden und sonstige Unfälle zu tragen; er hat selbst die Sache unter Versicherung zu bringen und die Versicherung so zu nehmen, daß die Forderung gegen den Versicherer dem Eigentümer zusteht[17]).

Der Nießbraucher ist ferner dem Eigentümer gegenüber verpflichtet, für die Dauer des Nießbrauches die auf der Sache ruhenden öffentlichen Lasten mit Ausschluß der außerordentlichen Lasten, die als auf den Stammwert der Sache gelegt, anzusehen sind, sowie diejenigen privatrechtlichen Lasten zu tragen, welche schon zur Zeit der Bestellung des Nießbrauches auf der Sache ruhten, insbesondere die Zinsen der Hypothekforderungen und Grundschulden, sowie die auf Grund einer Rentenschuld zu entrichtenden Leistungen[18]).

Veränderungen oder Verschlechterungen der Sache, welche durch die ordnungsmäßige Ausübung des Nießbrauches herbeigeführt werden, hat der Nießbraucher nicht zu vertreten[19]). Wird dagegen durch das Verhalten des Nießbrauchers die Besorgnis einer erheblichen Verletzung der Rechte des Eigentümers begründet, so kann der Eigentümer Sicherheitsleistung verlangen[20]).

Ist der Nießbraucher zur Sicherheitsleistung rechtskräftig verurteilt, so kann der Eigentümer statt der Sicherheitsleistung ver-

[13]) § 1041 B.G.B.
[14]) § 1042 B.G.B.
[15]) § 1043 B.G.B.
[16]) § 1044 B.G.B.
[17]) § 1045 B.G.B.
[18]) § 1047 B.G.B.
[19]) § 1050 B.G.B.
[20]) § 1051 B.G.B.

langen, daß die Ausübung des Nießbrauches für Rechnung des Nießbrauchers einem von dem Gerichte zu bestellenden Verwalter übertragen wird, jedoch nur dann, wenn dem Nießbraucher auf Antrag des Eigentümers von dem Gericht eine Frist zur Sicherheitsleistung bestimmt worden und die Frist verstrichen ist; die Verwaltung ist aufzuheben, wenn die Sicherheit nachträglich geleistet wird[21]).

Verletzt dagegen der Nießbraucher die Rechte des Eigentümers in erheblichem Maße und setzt er das verletzende Verhalten ungeachtet einer Abmahnung des Eigentümers fort, so kann der Eigentümer ohne weiteres die Anordnung einer Verwaltung verlangen; er kann auch auf Unterlassung klagen[22]).

Wird das Recht des Nießbrauchers beeinträchtigt, so finden auf die Ansprüche des Nießbrauchers die für die Ansprüche aus dem Eigentum geltenden Vorschriften entsprechende Anwendung[23]).

Nach Beendigung des Nießbrauches ist der Nießbraucher verpflichtet, die Sache dem Eigentümer zurückzugeben; es finden hierbei die Vorschriften über die Rückgabe der Pachtsache entsprechende Anwendung[24]).

II. Begründung des Nießbrauches.

Auch der Nießbrauch wird entweder rechtsgeschäftlich durch Einigung und Eintragung ins Grundbuch oder durch Tabularersitzung begründet; diese Begründungsakte wurden früher eingehend besprochen; es wird auf die früheren Ausführungen auch hier verwiesen[25]).

Die Übertragung des höchstpersönlichen Nießbrauchs auf einen andern ist unzulässig; nur die Ausübung des Nießbrauches kann einem andern überlassen werden. Diese Überlassung der Ausübung führt jedoch nur ein obligatorisches Verhältnis zwischen dem Nießbraucher und dem andern herbei[26]).

III. Aufhebung des Nießbrauches.

Der Nießbrauch erlischt mit dem Tode des Nießbrauchers oder mit dem Ende der juristischen Person, wenn dieser der Nießbrauch zusteht[27]).

Der Nießbrauch wird weiter aufgehoben durch Erklärung des Berechtigten, daß er das Recht aufgebe und durch die Löschung des Rechtes im Grundbuch; die Erklärung ist dem Grundbuchamt oder demjenigen gegenüber abzugeben, zu dessen Gunsten sie erfolgt[28]).

---

[21]) § 1052 B.G.B.
[22]) §§ 1053, 1054 B.G.B.
[23]) § 1065 B.G.B.
[24]) § 1055 B.G.B.
[25]) Kap. 4 unter II u. IV.
[26]) § 1059 B.G.B.
[27]) § 1061 B.G.B.
[28]) §§ 875. 876 B.G.B.

Der Nießbrauch erlischt ferner, wenn er im Grundbuch zu Unrecht gelöscht und der Anspruch des Berechtigten gegen den Eigentümer verjährt ist[29]).

Außerdem erlischt der Nießbrauch auch mit dem Zuschlag im Zwangsversteigerungsverfahren[30]), wenn derselbe nicht nach den Versteigerungsbedingungen bestehen bleiben soll, es müßte denn sein, daß der Fortbestand zwischen dem Berechtigten und dem Ersteher vereinbart ist. Schließlich erlischt der Nießbrauch mit dem Untergang der Nießbrauchsache.

IV. Nießbrauch an Rechten.

Das Bürgerliche Gesetzbuch hat auch den Nießbrauch an Rechten ausdrücklich zugelassen, jedoch nur an solchen Rechten, die übertragbar sind[31]). Auf den Nießbrauch an Rechten finden die Vorschriften über Nießbrauch an Sachen entsprechende Anwendung; doch gelten folgende Sonderbestimmungen:

Der Nießbrauch an einem Rechte wird bestellt nach den für die Übertragung des Rechtes geltenden Vorschriften[32]); ist ein Recht, kraft dessen eine Leistung gefordert werden kann, Gegenstand des Nießbrauches, so nimmt der Verpflichtete dem Nießbraucher gegenüber dieselbe Stellung ein, wie dem neuen Erwerber gegenüber im Falle der Übertragung des Rechtes[33]) Dem Nießbraucher einer Leibrente, eines Auszuges oder eines ähnlichen Rechtes gebühren die einzelnen Leistungen, die auf Grund des Rechtes gefordert werden können[34]); er ist Gläubiger. Der Nießbraucher an Forderungen, einschließlich der Hypothekforderungen, Grund- und Rentenschulden ist, wenn die Forderung unverzinslich ist, zur Einziehung der Forderung und zur Kündigung derselben berechtigt; er ist zur ordnungsgemäßen Einziehung sogar verpflichtet[35]); er erwirbt das Eigentum an dem eingezogenen Kapitale; er ist lediglich verpflichtet, es nach Beendigung des Nießbrauches dem Gläubiger zu ersetzen[36]). Zu anderen Verfügungen über die Forderung ist der Nießbraucher nicht berechtigt[37]).

Ist eine auf Zinsen ausstehende Forderung Gegenstand des Nießbrauches, so kann der Schuldner das Kapital nur an den Nießbraucher und den Gläubiger gemeinschaftlich zahlen; jeder von beiden kann verlangen, daß an sie beide gemeinschaftlich gezahlt oder daß das Kapital hinterlegt wird; der Schuldner kann die Kündigung wirksam nur dem Nießbraucher und dem Gläubiger zusammen erklären[38]). Bei Eintritt der Fälligkeit der Forderung sind der Nießbraucher und der

[29]) § 901 B.G.B.
[30]) § 91 Z.V.G.
[31]) §§ 1068, 1069 B.G.B.
[32]) § 1069 B.G.B.
[33]) § 1070 Abs. 1 B.G.B.
[34]) § 1073 B.G.B.
[35]) § 1074 B.G.B.; § 1080 B.G.B.
[36]) §§ 1075, 1067 B.G.B.
[37]) § 1074 B.G.B.
[38]) § 1077 B.G.B.

Gläubiger einander verpflichtet, zur Einziehung mitzuwirken; hängt die Fälligkeit von einer Kündigung ab, so kann jeder Teil die Mitwirkung des anderen zur Kündigung verlangen, wenn die Einziehung der Forderung wegen Gefährdung ihrer Sicherheit nach den Regeln einer ordnungsgemäßen Vermögensverwaltung geboten ist[39]).

Nießbraucher und Gläubiger sind auch einander verpflichtet dazu mitzuwirken, daß das eingezogene Kapital nach den für die Anlegung von Mündelgeld geltenden Vorschriften verzinslich angelegt und gleichzeitig dem Nießbraucher der Nießbrauch bestellt wird, wobei dem Nießbraucher das Recht zusteht, die Art der Anlegung zu bestimmen[40]).

Werden auf Grund des Forderungsnießbrauchrechtes vom Schuldner dem Nießbraucher andere Gegenstände als verbrauchbare Sachen geleistet, so erwirbt der Gläubiger das Eigentum an diesen Gegenständen und der Nießbraucher den Nießbrauch an ihnen und zwar mit der Leistung des Schuldners an den Nießbraucher[41]). Für die Beendigung des Nießbrauches an Rechten sind die Vorschriften für Beendigung des Nießbrauches an beweglichen Sachen maßgebend[42]).

Hienach erlischt der Nießbrauch an einem Rechte durch die einseitige Erklärung des Nießbrauchers dem Besteller gegenüber, daß er den Nießbrauch aufgebe; die Löschung des Nießbrauches im Grundbuch ist nicht erforderlich[43]); es erlischt schließlich der Nießbrauch an Rechten durch Konsolidation, es müßte denn sein, daß an dem Fortbestand des Nießbrauches ein Interesse besteht[44]); im übrigen gelten auch hier die Löschungsgründe unter III.

V. Nießbrauch an einem Vermögen.

Der Nießbrauch an dem Vermögen einer Person wird in der Weise bestellt, daß der Nießbraucher den Nießbrauch an den einzelnen zu dem Vermögen gehörigen Gegenständen erlangt[45]). Hienach wird der Nießbrauch an einem Vermögen vom Bürgerlichen Gesetzbuch nicht als eine besondere Art des Nießbrauches behandelt. Dagegen enthält das Bürgerliche Gesetzbuch verschiedene besondere Bestimmungen zu Gunsten des Gläubigers des Bestellers:

Die Gläubiger des Bestellers können, soweit ihre Forderungen vor der Bestellung entstanden sind, ohne Rücksicht auf den Nießbrauch Befriedigung aus den dem Nießbrauch unterliegenden Gegenständen verlangen; hat der Nießbraucher das Eigentum an verbrauchbaren Sachen erlangt, so tritt an die Stelle der Sachen der Anspruch des Bestellers auf Ersatz des Wertes; hierbei ist der Nießbraucher dem Gläubiger

[39]) § 1078 B.G.B.
[40]) § 1079 B.G.B.
[41]) § 1075 B.G.B.
[42]) § 1072 B.G.B.
[43]) § 1064 B.G.B.
[44]) § 1063 B.G.B.
[45]) § 1085 B.G.B.

gegenüber zum sofortigen Ersatz verpflichtet[46]). Wenn eine vor der Bestellung entstandene Forderung fällig ist, kann der Besteller von dem Nießbraucher Rückgabe der zur Befriedigung des Gläubigers erforderlichen Gegenstände verlangen. Die Auswahl der Gegenstände steht dem Besteller zu; doch kann er nur die vorzugsweise geeigneten Gegenstände auswählen. Soweit die ihm zurückgegebenen Gegenstände ausreichen, ist er dem Nießbraucher gegenüber zur Befriedigung des Gläubigers verpflichtet. Es kann aber auch der Nießbraucher die Verbindlichkeit durch Leistung des geschuldeten Gegenstandes erfüllen; jedoch besteht hierzu eine persönliche Verpflichtung des Nießbrauchers nicht[47]).

Dagegen können die Gläubiger des Bestellers, deren Forderungen schon zur Zeit der Bestellung verzinslich waren, die Zinsen für die Dauer des Nießbrauches vom Nießbraucher verlangen. Das gleiche gilt von anderen wiederkehrenden Leistungen, die bei ordnungsmäßiger Verwaltung aus den Einkünften des Vermögens bestritten werden, wenn die Forderung vor der Bestellung des Nießbrauches entstanden ist. Diese Haftung des Nießbrauchers kann nicht durch Vereinbarung zwischen ihm und dem Besteller ausgeschlossen oder beschränkt werden.

Dem Besteller gegenüber ist der Nießbraucher zur Befriedigung des Gläubigers wegen dieser Ansprüche verpflichtet; der Besteller kann die Rückgabe von Gegenständen zum Zwecke der Befriedigung nur verlangen, wenn der Nießbraucher mit der Erfüllung dieser Verbindlichkeit in Verzug kommt[48]) [49]).

IX. Kapitel.

Beschränkte persönliche Dienstbarkeiten.

Unter beschränkten persönlichen Dienstbarkeiten sind die an Grundstücken vorkommenden Personalservituten mit Ausnahme des Nießbrauches zu verstehen[1]); jedes Recht, welches als Grunddienstbarkeit für den jeweiligen Eigentümer eines Grundstückes bestellt werden kann, kann auch zu Gunsten einer bestimmten Person begründet werden; es kann nämlich ein Grundstück in der Weise belastet werden, daß derjenige, zu dessen Gunsten die Belastung erfolgt, berechtigt ist, das Grundstück in einzelnen Beziehungen zu benützen, oder daß ihm eine sonstige Befugnis zusteht, die den Inhalt einer Grunddienstbarkeit bilden kann[2]).

Für die beschränkten persönlichen Dienstbarkeiten gelten im allge-

---

[46]) § 1086 B.G.B.

[47]) § 1087 B.G.B.

[48]) § 1088 B.G.B.

[49]) Für die Übergangszeit sind maßgebend: Art. 184, Art. 186, 189 E.G. z. B.G.B. Art. 5 des Ü.G.

[1]) Staudinger III Vorbemerkung vor § 1090 B.G.B.

[2]) § 1090 B.G.B.

meinen die gleichen Regeln wie für die Grunddienstbarkeiten; nur folgende Sonderbestimmungen sind hervorzuheben.

Der Umfang einer beschränkten persönlichen Dienstbarkeit bestimmt sich im Zweifel nach den persönlichen Bedürfnissen des Berechtigten[3]); sie ist unveräußerlich und unvererblich; auch die Ausübung kann einem anderen nur überlassen werden mit ausdrücklicher Erlaubnis des Belasteten[4]).

Für Begründung und Aufhebung der beschränkten persönlichen Dienstbarkeiten gelten wiederum die Bestimmungen über Grunddienstbarkeiten.

Eine besondere Regelung hat im Bürgerlichen Gesetzbuch das dingliche Wohnungsrecht als beschränkte persönliche Dienstbarkeit gefunden. Das Bürgerliche Gesetzbuch versteht unter dem dinglichen Wohnungsrechte das Recht, ein Gebäude oder einen Teil eines Gebäudes unter Ausschluß des Eigentümers als Wohnung zu benutzen. Der Umfang des Wohnungsrechtes bestimmt sich jedoch nicht nur nach den persönlichen Bedürfnissen des Berechtigten; der Berechtigte ist vielmehr befugt, seine Familie sowie die zur standesmäßigen Bedienung und zur Pflege erforderlichen Personen in die Wohnung aufzunehmen. Ist das Recht auf einen Teil eines Gebäudes beschränkt, so kann der Berechtigte die zum gemeinschaftlichen Gebrauche der Bewohner bestimmten Anlagen und Einrichtungen mitbenützen. Daneben finden auf das Wohnungsrecht die für den Nießbrauch maßgebenden Bestimmungen entsprechende Anwendung[5]).

Über das Wohnungsrecht im Rahmen eines Leibgedingvertrages sind für Bayern besondere Bestimmungen getroffen[6]).

Ist hienach dem Berechtigten auf dem Vertragsgrundstück eine abgesonderte Wohnung zu gewähren, so hat der Verpflichtete die Wohnung dem Berechtigten in einem zu dem vertragsmäßigen Gebrauche geeigneten Zustande zu überlassen und sie während der Dauer seiner Verpflichtung in diesem Zustande zu erhalten. Wird das Gebäude durch Zufall zerstört, so hat der Verpflichtete die Wohnung wiederherzustellen. Hat der Zufall eine so wesentliche Verschlechterung der Vermögensverhältnisse des Verpflichteten zur Folge, daß diesem die Wiederherstellung nicht zugemutet werden kann, so ist dem Berechtigten in solcher Weise Wohnung zu gewähren, wie es den Umständen nach der Billigkeit entspricht. Das gleiche gilt, wenn das Gebäude wiederherzustellen ist, für die zur Wiederherstellung erforderliche Zeit.

Der Verpflichtete hat auf Verlangen des Berechtigten für das Gebäude Versicherung gegen Brandschaden zu nehmen[7]).

---

[3]) § 1091 B.G.B.

[4]) §§ 1092, 1061 mit 1090 B.G.B.

[5]) § 1093 B.G.B., §§ 1031, 1034, 1036, 1037 Abs. 1, 1041, 1042, 1044, 1049, 1050, 1057, 1062 B.G.B.

[6]) Art 96 des E.G. z. B.G.B., Art. 37 ff. des A.G. z. B.G.B.

[7]) Art. 37 des A.G. z. B.G.B.

Der Berechtigte ist befugt, seine Familie sowie die zur standesmäßigen Bedienung und zur Pflege erforderlichen Personen in die Wohnung aufzunehmen[8]); ist der Berechtigte durch besondere Gründe genötigt, das Grundstück dauernd zu verlassen, so hat ihm der Verpflichtete eine entsprechende Geldrente zu leisten, welche dem Werte der Befreiung von der Verpflichtung zur Gewährung der Wohnung nach billigem Ermessen entspricht[9]). Veranlaßt der Berechtigte durch sein Verhalten eine solche Störung der persönlichen Beziehungen zu dem Verpflichteten, daß diesem nicht mehr zugemutet werden kann, ihm das Wohnen auf dem Grundstücke zu gestatten, so kann der Verpflichtete ihm die Wohnung unter Gewährung einer angemessenen Räumungsfrist kündigen; der Verpflichtete muß auch in diesem Falle dem Berechtigten eine Geldrente gewähren[10]). Veranlaßt dagegen der Verpflichtete durch sein Verhalten eine solche Störung der persönlichen Beziehungen zu dem Berechtigten, daß diesem nicht zugemutet werden kann, die Wohnung zu behalten, so hat er dem Berechtigten, falls dieser die Wohnung aufgibt, den für die Beschaffung einer anderen angemessenen Wohnung erforderlichen Aufwand zu ersetzen. Dieselben Rechte stehen dem Berechtigten im Falle der Grundstücksveräußerung zu[11]).

Der Berechtigte kann die Bestellung eines Wohnungsrechtes als beschränkte persönliche Dienstbarkeit auf dem Vertragsgrundstück verlangen[12]) [13]).

X. Kapitel.

Das Vorkaufsrecht.

I. Begriff, Gegenstand und Inhalt.

Unter dem dinglichen Vorkaufsrechte versteht man die dingliche Belastung eines Grundstückes zu Gunsten einer bestimmten Person oder zu Gunsten des jeweiligen Eigentümers eines anderen Grundstückes, inhaltlich deren derjenige, zu dessen Gunsten die Belastung erfolgt, dem Eigentümer gegenüber zum Vorkauf berechtigt ist[1]).

Ein zu Gunsten des jeweiligen Eigentümers eines Grundstückes bestehendes Vorkaufsrecht kann nicht von dem Eigentum an diesem Grundstücke getrennt werden. Ein zu Gunsten einer bestimmten Person bestehendes Vorkaufsrecht kann nicht mit dem Eigentum an einem

---

[8]) Art. 38 des A.G. z. B.G.B.

[9]) Art. 43 des A.G. z. B.G.B.

[10]) Art. 44 des A.G. z. B.G.B.

[11]) Art. 45, 46 A.G. z. B.G.B.

[12]) Art. 41 A.G. z. B.G.B.

[13]) Übergangsvorschriften: Art. 128, 187. 189 E.G. z. B.G.B.; siehe auch Art. 133, 164, 115 E.G. z. B.G.B., Art. 10ff., Art. 44, 45 des Ü.G., Art. 84 des A.G. z. B.G.B.

[1]) § 1094 B.G.B.

Grundstücke verbunden werden[2]). Gegenstand des dinglichen Vorkaufsrechtes kann nur ein Grundstück oder ein Recht mit Grundstückseigenschaft sein; ein Bruchteil eines Grundstückes kann mit dem Vorkaufsrechte nur belastet werden, wenn er in dem Anteil eines Miteigentümers besteht[3]); das Vorkaufsrecht kann auch auf das Zubehör erstreckt werden, das mit dem Grundstück verkauft wird; im Zweifel ist anzunehmen, daß sich das Vorkaufsrecht auf dieses Zubehör erstrecken soll[4]).

Das Vorkaufsrecht beschränkt sich auf den Fall des Verkaufs durch den Eigentümer, welchem das Grundstück zur Zeit der Bestellung gehört, oder durch dessen Erben; durch besondere Vereinbarung kann es jedoch auch für mehrere oder für alle Verkaufsfälle bestellt werden[5]). Das Vorkaufsrecht kann auch ausgeübt werden, wenn das Grundstück von dem Konkursverwalter aus freier Hand verkauft wird[6]).

Das Rechtsverhältnis zwischen dem Berechtigten und Verpflichteten bestimmt sich nach den Vorschriften über das obligatorische Vorkaufsrecht[7]).

Hienach kann das Vorkaufsrecht ausgeübt werden, sobald der Verpflichtete mit einem Dritten einen Kaufvertrag über das Grundstück abgeschlossen hat[8]). Der Verpflichtete hat dem Vorkaufsberechtigten den Inhalt des mit dem Dritten abgeschlossenen Vertrages unverzüglich mitzuteilen[9]); die Ausübung des Vorkaufsrechtes erfolgt durch formlose Erklärung dem Verpflichteten gegenüber, die bis zum Ablaufe von 2 Monaten nach dem Empfang der Mitteilung abgegeben werden muß, wenn eine andere Frist nicht vereinbart ist[10]).

Mit der Ausübung des Vorkaufsrechtes kommt der Kauf zwischen dem Berechtigten und dem Verpflichteten unter den Bestimmungen zustande, welche der Verpflichtete mit dem Dritten vereinbart hat[11]). Der Vorkaufsberechtigte kann nun von dem Verpflichteten die Auflassung verlangen.

Eine Vereinbarung des Verpflichteten mit dem Dritten, durch welche der Kauf von der Nichtausübung des Vorkaufsrechts abhängig gemacht oder dem Verpflichteten für den Fall der Ausübung des Vorkaufsrechtes der Rücktritt vorbehalten wird, ist dem Vorkaufsberechtigten gegenüber unwirksam[12]).

Hat sich der Dritte in dem Vertrage zu einer Nebenleistung verpflichtet, die der Vorkaufsberechtigte zu bewirken außerstande ist, so

[2]) § 1103 B.G.B.
[3]) § 1095 B.G.B.
[4]) § 1096 B.G.B.
[5]) § 1097 B.G.B.
[6]) § 1098 B.G.B.
[7]) §§ 1098, 504—514 B.G.B.
[8]) § 504 B.G.B.
[9]) § 510 B.G.B.
[10]) §§ 505, 510 B.G.B.
[11]) § 505 Abs. 2 B.G.B.
[12]) § 506 B.G.B.

hat der Vorkaufsberechtigte statt der Nebenleistung ihren Wert zu entrichten. Läßt sich die Nebenleistung nicht in Geld schätzen, so ist die Ausübung des Vorkaufsrechtes ausgeschlossen; die Vereinbarung der Nebenleistung kommt jedoch nicht in Betracht, wenn der Vertrag mit dem Dritten auch ohne sie geschlossen sein würde[13]).

Hat der Dritte den Gegenstand, auf den sich das Vorkaufsrecht bezieht, mit anderen Gegenständen zu einem Gesamtpreise gekauft, so hat der Vorkaufsberechtigte einen verhältnismäßigen Teil des Gesamtpreises zu entrichten. Der Verpflichtete kann verlangen, daß der Vorkauf auf alle Sachen erstreckt wird, die nicht ohne Nachteil für ihn getrennt werden können[14]). Ist dem Dritten in dem Vertrage der Kaufpreis gestundet worden, so kann der Vorkaufsberechtigte die Stundung nur in Anspruch nehmen, wenn er für den gestundeten Betrag Sicherheit leistet; der Sicherheit bedarf es jedoch insoweit nicht, als für den gestundeten Kaufpreis die Bestellung einer Hypothek an dem Grundstücke vereinbart oder in Anrechnung auf den Kaufpreis eine Schuld, für die eine Hypothek an dem Grundstück besteht, übernommen worden ist[15]).

Für das Verhältnis zwischen dem Berechtigten und dem Dritten, der bereits in das Eigentum des Grundstückes gelangte, und dem Verpflichteten und diesem Dritten gelten folgende Bestimmungen:

Dem Dritten gegenüber hat das Vorkaufsrecht die Wirkung einer Vormerkung zur Sicherung des durch die Ausübung des Rechtes entstehenden Anspruches auf Übertragung des Eigentums[16]); so kann der Berechtigte von dem als Eigentümer eingetragenen Dritten die Zustimmung zu seiner Eintragung als Eigentümer verlangen.

Der Dritte, in dessen Eigentum das Grundstück gelangt ist, kann in gleicher Weise und mit derselben Wirkung wie der Verpflichtete den Inhalt des Kaufvertrages dem Berechtigten mitteilen und so die Frist für die Ausübung des Vorkaufrechtes in den Lauf bringen[17]).

Den Dritten muß der Verpflichtete benachrichtigen, sobald die Ausübung des Vorkaufsrechtes erfolgt oder ausgeschlossen ist[18]).

Hat der Dritte, in dessen Eigentum das Grundstück bereits gelangt ist, den vereinbarten Kaufpreis bereits bezahlt, so kann er ihn nicht vom Verkäufer zurückverlangen; er muß sich an den Vorkaufsberechtigten halten; er ist berechtigt, die Zustimmung zur Eintragung des Berechtigten als Eigentümer und die Herausgabe des Grundstückes zu verweigern, bis ihm der Vorkaufsberechtigte den Kaufpreis erstattet hat; erlangt der Berechtigte die Eintragung als Eigentümer, so kann der Dritte von diesem die Erstattung des bezahlten Kaufpreises gegen

---

[13]) § 507 B.G.B.
[14]) § 508 B.G.B.
[15]) § 509 B.G.B.
[16]) § 1098 Abs. 2, §§ 883 ff. B.G.B.
[17]) § 1099 Abs. 1 B.G.B.
[18]) § 1099 Abs. 2 B.G.B.

Herausgabe des Grundstückes direkt fordern[19]). Soweit der Berechtigte dem Dritten den Kaufpreis zu erstatten hat, wird er von der Verpflichtung zur Zahlung des aus dem Vorkaufe geschuldeten Kaufpreises frei[20]); soweit der Dritte den von ihm geschuldeten Kaufpreis noch nicht berichtigt hat, ist er dem Vorkaufsverpflichteten gegenüber liberiert[21]).

II. Begründung des Vorkaufsrechtes.

Die Begründung eines Vorkaufsrechtes erfolgt nach allgemeiner Regel des § 873 B.G.B. durch Abschluß eines Vertrages und Eintragung ins Grundbuch; Tabularersitzung ist hier ausgeschlossen, weil der Vorkaufsberechtigte nicht Besitzer des Grundstückes ist und auch den Besitzschutz nicht genießt[22]).

Ein gesetzliches Vorkaufsrecht ist dem Bürgerlichen Gesetzbuch im Prinzip fremd; das Bürgerliche Gesetzbuch nennt nur einen einzigen Fall des gesetzlichen Vorkaufsrechtes im Verhältnis der Miterben zueinander; verkauft nämlich ein Miterbe seinen Anteil an einen Dritten, so sind die Miterben zum Vorkaufe berechtigt[23]).

Eine Übertragung des Vorkaufsrechtes ist regelmäßig unmöglich; steht es einer bestimmten Person zu, so ist es, sofern nicht ein anderes bestimmt ist, unveräußerlich und unvererblich[24]); nur wenn das Recht auf eine bestimmte Zeit beschränkt ist, so ist es im Zweifel vererblich[25]); steht es dem jeweiligen Eigentümer eines Grundstückes zu, so ist es mit dem Eigentum am Grundstück untrennbar verknüpft[26]).

III. Aufhebung des Vorkaufsrechtes.

Das Vorkaufsrecht erlischt dadurch, daß das Grundstück einem Dritten übereignet wird, ohne daß der Vorkaufsberechtigte das Recht ausübte[27]). Es erlischt ferner, wenn der Verkauf des Grundstückes im Wege der Zwangsversteigerung erfolgt[28]); dagegen kann das Vorkaufsrecht auch dann ausgeübt werden, wenn das Grundstück von dem Konkursverwalter aus freier Hand verkauft wird. Das einer bestimmten Person zustehende Vorkaufsrecht erlischt mit dem Tode derselben, es müßte denn sein, daß es auf eine bestimmte Zeit beschränkt ist[29]). Im übrigen gelten auch hier die allgemeinen Regeln der §§ 875, 876 B.G.B. für die rechtsgeschäftliche Aufhebung.

---

19) § 1100 B.G.B.
20) § 1101 B.G.B.
21) § 1102 B.G.B.
22) § 900 B.G.B.
23) § 2034 B.G.B.
24) §§ 1098. 514 B.G.B.
25) § 514 Satz 2 B.G.B.
26) § 1103 B.G.B.
27) § 1097 B.G.B.
28) §§ 1098. 512 B.G.B.
29) §§ 1098, 514 B.G.B.

Schließlich erlischt das Vorkaufsrecht mit dem Untergang des belasteten bezw. berechtigten Grundstücks. Eine besondere Bestimmung besteht für das Erlöschen des einer bestimmten Person zustehenden Vorkaufsrechtes. Ist dieser Berechtigte nämlich unbekannt, so kann er im Wege des Aufgebotsverfahrens mit seinem Rechte ausgeschlossen werden; mit der Erlassung des Ausschlußurteils erlischt das Vorkaufsrecht[30] [31]).

XI. Kapitel.

Die Reallasten.

I. Begriff, Gegenstand und Inhalt.

Unter Reallast versteht man die dingliche Belastung eines Grundstückes in der Weise, daß an denjenigen, zu dessen Gunsten die Belastung erfolgt, wiederkehrende Leistungen aus dem Grundstücke zu entrichten sind[1]).

Auch die Reallast kann zu Gunsten einer bestimmten Person oder zu Gunsten des jeweiligen Eigentümers eines anderen Grundstückes bestellt werden[2]). Gegenstand der Reallast kann nur ein Grundstück oder ein Recht mit Grundstückseigenschaft sein; ein Bruchteil eines Grundstückes kann mit einer Reallast nur dann belastet werden, wenn er in dem Anteil eines Miteigentümers besteht[3]).

Dem aus der Reallast Berechtigten steht außer dem dinglichen Rechte, dem Rechte auf Befriedigung aus dem Grundstücke, auch noch eine persönliche Forderung gegenüber dem Eigentümer des belasteten Grundstückes zu; der Eigentümer haftet, soweit nicht ein anderes bestimmt ist, für die während der Dauer seines Eigentums fällig werdenden Leistungen auch persönlich[4]).

Wird das Grundstück des Berechtigten geteilt und veräußert er die Teile, so bleibt die Reallast, wenn sie nur einem der Teile zum Vorteile gereicht, nur mit diesem Teile allein verbunden[5]); ist dies nicht der Fall, so besteht die Reallast für die einzelnen Teile fort. Ist die Leistung teilbar, so bestimmen sich die Anteile der Eigentümer nach den Verhältnissen der Größe der Teile; ist sie nicht teilbar, so können die Berechtigten nur Leistung an alle oder Hinterlegung für alle fordern, und es kann sich auch der Verpflichtete nur durch Leistung an alle oder Hinterlegung für alle befreien. Behält der Berechtigte bei der Teilung des Grundstückes einen Teil für sich, während er die

[30]) § 1104 B.G.B.
[31]) Übergangsvorschriften: Art. 184, 186, 189 E.G. z. B.G.B.
[1]) § 1105 Abs. 1 B.G.B.
[2]) § 1105 Abs. 2 B.G.B.
[3]) § 1106 B.G.B.
[4]) § 1108 B.G.B.
[5]) § 1109 Abs. 3 B.G.B.

anderen Teile veräußert, so verbleibt die Reallast allein bei dem Teile, den er für sich zurückbehält; er kann jedoch bestimmen, daß die Reallast mit einem anderen Teil verbunden sein soll. Die Bestimmung hat dem Grundbuchamt gegenüber zu erfolgen und bedarf der Eintragung in das Grundbuch[6]).

Wird das belastete Grundstück geteilt, so bleibt die Reallast auf den Teilen bestehen; für die persönliche Forderung des Berechtigten haften die Eigentümer der einzelnen Teile als Gesamtschuldner[7]).

Die Bestimmung des Inhalts der Reallast ist der Parteivereinbarung überlassen. Gebunden sind nur die Parteien insofern, als die Reallast nur auf wiederkehrende Leistungen gerichtet sein kann. Hierbei bleiben die landesgesetzlichen Vorschriften unberührt, welche den Inhalt von Reallasten näher bestimmen[8]). Für Bayern ist auf Grund dieses Vorbehalts bestimmt[9]), daß als Reallast außer dem Rechte auf Leistungen, die zu einer Leibrente, insbesondere zu einem Leibgeding gehören, nur das Recht auf die regelmäßig wiederkehrende Leistung von fest bestimmten Geldbeträgen oder festbestimmten Mengen von Bodenerzeugnissen bestellt werden kann. Bei der Bestellung einer Reallast solcher Art muß der Geldbetrag bestimmt werden, durch dessen Zahlung der Eigentümer die Reallast ablösen kann. Auf die Ablösung der Reallast finden die für Ablösung der Rentenschuld geltenden Vorschriften des Bürgerlichen Gesetzbuches[10]) entsprechende Anwendung; der Eigentümer kann das Ablösungsrecht, wenn nicht ein anderes bestimmt ist, hienach erst nach sechsmonatlicher Kündigung ausüben; eine Beschränkung des Kündigungsrechtes ist nur insoweit zulässig, als der Eigentümer nach 30 Jahren unter Einhaltung der sechsmonatlichen Frist kündigen kann; hat der Eigentümer gekündigt, so kann der Gläubiger nach Ablauf der Kündigungsfrist die Zahlung der Ablösungssumme aus dem Grundstücke verlangen; haftet der Eigentümer für die während seines Eigentums fällig werdenden Leistungen auch persönlich, so erstreckt sich im Falle der Kündigung die persönliche Haftung auf die Ablösungssumme.

Über die Reallasten im Rahmen des Leibgedingvertrages hat das bayerische Ausführungsgesetz folgende Bestimmungen getroffen[11]):

Sind im Rahmen eines Leibgedingvertrages wiederkehrende Leistungen zu entrichten, so kann der Berechtigte die Bestellung einer entsprechenden Reallast an dem Grundstück verlangen[12]).

Bestehen die wiederkehrenden Leistungen in Erzeugnissen von der Gattung derjenigen, welche auf dem Grundstück gewonnen werden, so

---

[6]) § 1109 Abs. 1 u. 2 B.G.B.; §§ 432, 876, 878 B.G.B.
[7]) § 1108 B.G.B.
[8]) Art. 115 E.G. z. B.G.B.
[9]) Art. 85 A.G. z. B.G.B.
[10]) § 1202 B.G.B.
[11]) Art. 96 E.G. z. B.G.B., Art. 32 ff. des A.G. z. B.G.B.
[12]) Art. 41 des A.G. z. B.G.B.

kann der Berechtigte nur Erzeugnisse von der mittleren Art und Güte derjenigen verlangen, welche auf dem Grundstück bei ordnungsmäßiger Bewirtschaftung gewonnen werden[13]).

Hat der Verpflichtete dem Berechtigten Erzeugnisse des Feld- oder Wiesenbaues, des Obstbaues oder des Weinbaues als Jahresvorrat zu liefern, so hat die Lieferung zu der Zeit zu erfolgen, zu welcher die zu liefernden Erzeugnisse nach den Regeln einer ordnungsgemäßen Wirtschaft gewonnen werden und soweit der Lieferung eine Bearbeitung vorauszugehen hat, bearbeitet sind[14]).

Ist die Verpflegung des Berechtigten ohne nähere Bestimmung vereinbart, so hat der Verpflichtete dem Berechtigten den gesamten Lebensbedarf in standesmäßiger und ortsüblicher Weise zu gewähren; die Kosten der ärztlichen Behandlung und der Heilmittel fallen jedoch dem Berechtigten zur Last[15]).

Ist der Berechtigte durch besondere Gründe genötigt, das Grundstück dauernd zu verlassen, so hat der Verpflichtete für die wiederkehrenden Leistungen, die für den Berechtigten infolge der Abwesenheit von dem Grundstück ohne Interessen sind, den Wert zu vergüten, die sie auf dem Grundstücke haben[16]). Das gleiche gilt, wenn der Berechtigte durch sein Verhalten eine solche Störung der persönlichen Beziehungen zu dem Verpflichteten veranlaßt hat, daß diesem nicht mehr zugemutet werden kann, dem Berechtigten das Wohnen auf dem Grundstück zu gestatten und der Verpflichtete deshalb von dem ihm zustehenden Kündigungsrecht Gebrauch gemacht hat[17]).

Hat diese Störung der Verpflichtete veranlaßt und der Berechtigte deshalb die Wohnung verlassen, so hat der Verpflichtete dem Berechtigten den Schaden zu ersetzen, der daraus entsteht, daß dieser die ihm gebührenden Leistungen nicht auf dem Grundstück in Empfang nehmen kann. Dieses Recht steht dem Berechtigten auch im Falle der Veräußerung des Grundstückes zu. Im Falle der Veräußerung des Grundstückes braucht sich der Berechtigte einen neuen Schuldner nicht aufdrängen zu lassen; er ist berechtigt, das Grundstück zu verlassen und alsdann die obigen Rechte gegen den Veräußerer geltend zu machen; er verliert diese Rechte, wenn er nicht vor dem Ablaufe des Kalendervierteljahres, in welchem er von dem Übergang des Eigentums Kenntnis erlangt, und des folgenden Vierteljahres das Grundstück räumt; diese Rechte stehen ihm überhaupt nicht zu, wenn die Veräußerung mit Rücksicht auf ein künftiges Erbrecht an einen gesetzlichen Erben des Verpflichteten erfolgt[18]).

---

[13]) Art. 34 des A.G. z. B.G.B.
[14]) Art. 35 des A.G. z. B.G.B.
[15]) Art. 39 des A.G. z. B.G.B.
[16]) Art. 43 des A.G. z. B.G.B.
[17]) Art. 44 des A.G. z. B.G.B.
[18]) Art. 45, 46 des A.G. z. B.G.B. Henle-Schneider Anm. 1 zu Art. 46.

Sind wiederkehrende Leistungen an Ehegatten vorzunehmen, so kann, wenn der eine Ehegatte stirbt, der andere Ehegatte das volle Leibgeding mit Ausnahme der Leistungen verlangen, die unmittelbar für den besonderen Bedarf des verstorbenen Ehegatten bestimmt waren. In anderen Fällen mehrerer Berechtigter wird der Verpflichtete durch den Tod eines Berechtigten zu dem Kopfteile des Verstorbenen von seiner Verpflichtung frei, soweit die geschuldeten Leistungen zum Zwecke des Gebrauches oder Verbrauches unter den Berechtigten geteilt werden mußten [19]).

II. Begründung der Reallast.

Das Bürgerliche Gesetzbuch hat einige gesetzliche Reallasten normiert: Hat nämlich der Eigentümer eines Grundstückes bei der Errichtung eines Gebäudes über die Grenze gebaut, ohne daß ihm Verschulden oder grobe Fahrlässigkeit zur Last fällt, so hat der Nachbar den Überbau zu dulden, es sei denn, daß er vor oder sofort nach der Grenzüberschreitung Widerspruch erhoben hat; der Nachbar ist durch eine Geldrente zu entschädigen und zwar ist diese Rente dem jeweiligen Eigentümer des Nachbargrundstückes von dem jeweiligen Eigentümer des anderen Grundstückes jährlich im voraus zu entrichten.

Für diese Rente, die nicht in das Grundbuch eingetragen wird, finden die Vorschriften Anwendung, die für eine zu Gunsten des jeweiligen Eigentümers eines Grundstückes bestehende Reallast gelten.

Diese Reallast entsteht auch kraft Gesetzes zu Gunsten des Erbbauberechtigten oder eines Dienstbarkeitsberechtigten im Falle der Beeinträchtigung ihrer Rechte durch den Überbau [20]).

Fehlt einem Grundstück die zur ordnungsgemäßen Benützung notwendige Verbindung mit einem öffentlichen Wege, so kann der Eigentümer von den Nachbarn verlangen, daß sie bis zur Hebung des Mangels die Benützung ihrer Grundstücke zur Herstellung der erforderlichen Verbindung dulden; die Nachbarn, über deren Grundstücke der Notweg führt, sind durch eine Geldrente zu entschädigen. Für diese Geldrente gelten dieselben Vorschriften wie für die Überbaurente; es entsteht also auch für die Notwegrente kraft Gesetzes ohne Eintragung eine Reallast [21]).

Diese beiden Reallasten sind auch insofern privilegiert, als sie allen Rechten an dem belasteten Grundstück, auch den älteren, vorgehen [22]).

Außer diesen Fällen vollzieht sich die Begründung der Reallasten durch Einigung und Eintragung nach der allgemeinen Regel des § 873 B.G.B. Erwerb durch Tabularersitzung ist auch hier nicht möglich, weil das Recht nicht zum Besitze des Grundstückes berechtigt,

---

[19]) Art. 47 des A.G. z. B.G.B.

[20]) §§ 912, 913, 914, 916 B.G.B.

[21]) §§ 917, 912, 913, 914, 916 B.G.B.

[22]) § 914 Abs. 1, 917 Abs. 2 B.G.B.

dessen Ausübung auch nicht nach den für den Besitz geltenden Vorschriften geschützt ist[23]).

Eine zu Gunsten des jeweiligen Eigentümers eines Grundstückes bestehende Reallast kann nicht von diesem Grundstück getrennt werden; sie wird also zugleich mit diesem Grundstück veräußert und vererbt[24]).

Die zu Gunsten einer bestimmten Person bestehende Reallast kann in der Regel unter Beachtung der Bestimmungen des § 873 B.G.B. selbständig veräußert werden; nur wenn der Anspruch auf die einzelnen Leistungen nicht übertragbar ist, kann auch das Recht nicht veräußert werden[25]).

Die zu Gunsten einer bestimmten Person bestehende Reallast kann niemals mit dem Eigentum an einem Grundstück verbunden werden[26]).

III. Aufhebung der Reallast.

Für das Erlöschen der Reallast durch rechtsgeschäftliche Aufhebung, sowie für das Erlöschen der im Grundbuch mit Unrecht gelöschten Reallast gelten auch hier die allgemeinen Regeln der §§ 875, 876, 901 B.G.B. Außerdem erlischt die einer bestimmten Person zustehende Reallast mit dem Tode, wenn das Recht nicht übertragbar ist[27]).

Die Reallast erlischt, wenn sie nicht aufrecht erhalten ist, mit dem Zuschlag im Zwangsversteigerungsverfahren[28]) und mit dem Untergang des berechtigten Grundstückes.

Ein besonderer Erlöschungsgrund ist die Erlassung eines Ausschlußurteils, durch welches der unbekannte Berechtigte, wenn die Reallast zu Gunsten einer bestimmten Person bestellt ist, mit seinem Rechte ausgeschlossen wird[29])[30]).

XII. Kapitel.

Die Hypotheken.

Begriff und Gegenstand.

Unter Hypothek versteht man diejenige dingliche Belastung eines Grundstückes, inhaltlich deren an denjenigen, zu dessen Gunsten sie erfolgt, zur Befriedigung einer ihm zustehenden, auch einer künftigen oder bedingten Forderung eine bestimmte Geldsumme aus dem Grund-

[23]) § 900 B.G.B.
[24]) § 1110 B.G.B.
[25]) § 1111 Abs. 2 B.G.B.
[26]) § 1111 Abs. 1 B.G.B.
[27]) § 1111 Abs. 2 B.G.B.
[28]) §§ 51, 91, 92 Z.V.G.
[29]) §§ 1112, 1104, 1170 B.G.B.
[30]) Übergangsvorschriften sind noch enthalten in Art. 113, 114, 184, 189 E.G. z. B.G.B., Art. 46, 48, 116—118 des Ü.G.

stück zu zahlen ist[1]). Die Hypothek setzt also stets eine persönliche Forderung voraus.

Gegenstand der Hypothek sind nur Grundstücke und Rechte mit Grundstückseigenschaft; ein Bruchteil eines Grundstückes kann mit einer Hypothek nur belastet werden, wenn er im Anteil eines Miteigentümers besteht[2]). Die Hypothek erstreckt sich aber auch auf das gewöhnliche Zubehör des verpfändeten Grundstückes und auf die von dem Grundstück getrennten Erzeugnisse, soweit sie nicht mit der Trennung in das Eigentum eines anderen als des Eigentümers des Grundstückes gelangt sind[3]); doch werden Erzeugnisse, sonstige Bestandteile des Grundstückes und Zubehörstücke von der Haftung frei, wenn sie veräußert und von dem Grundstücke entfernt werden, bevor sie zu Gunsten des Gläubigers in Beschlag genommen wurden[4]); sind die Erzeugnisse oder Bestandteile innerhalb der Grenzen einer ordnungsmäßigen Wirtschaft von dem Grundstück getrennt worden, so erlischt ihre Haftung auch ohne Veräußerung, wenn sie vor der Beschlagnahme von dem Grundstück entfernt wurden, es sei denn, daß die Entfernung zu einem vorübergehenden Zweck erfolgte: z. B. Einlagern der Frucht im Anwesen eines Nachbarn wegen Platzmangels im eigenen Anwesen. Zubehörstücke werden ohne Veräußerung von der Haftung frei, wenn die Zubehöreigenschaft innerhalb der Grenzen einer ordnungsmäßigen Wirtschaft vor der Beschlagnahme aufgehoben wird[5]).

Die Hypothek erstreckt sich weiter auf die Miet- und Pachtzinsforderungen, wenn das Grundstück vermietet oder verpachtet ist. Soweit die Forderung fällig ist, wird sie mit dem Ablaufe eines Jahres nach dem Eintritt der Fälligkeit von der Haftung frei, wenn nicht vorher die Beschlagnahme zu Gunsten des Hypothekgläubigers erfolgt. Ist der Miet- oder Pachtzins im voraus zu entrichten, so erstreckt sich die Befreiung nicht auf den Miet- oder Pachtzins für eine spätere Zeit als das zur Zeit der Beschlagnahme laufende und das folgende Kalendervierteljahr[6]).

Wird der Miet- oder Pachtzins eingezogen, bevor er zu Gunsten des Hypothekgläubigers in Beschlag genommen worden ist, oder wird vor der Beschlagnahme in anderer Weise über ihn verfügt, so ist die Verfügung dem Hypothekengläubiger gegenüber wirksam. Besteht die Verfügung in der Übertragung der Forderung auf einen Dritten, so erlischt die Haftung der Forderung; erlangt ein Dritter ein Recht an der Forderung, so geht es der Hypothek im Range vor.

Die Verfügung ist dem Hypothekgläubiger gegenüber unwirksam, soweit sie sich auf den Miet- und Pachtzins für eine spätere Zeit als das zur Zeit der Beschlagnahme laufende und das folgende Kalendervierteljahr bezieht.

---

1) § 1113 B.G.B.
2) § 1114 B.G.B.; für die Übergangszeit Art. 61 des Ü.G.
3) § 1120 B.G.B.
4) § 1121 B.G.B.
5) § 1122 B.G.B.
6) § 1123 B.G.B.

Der Übertragung der Forderung auf einen Dritten steht es gleich, wenn das Grundstück ohne die Forderung veräußert wird [7]).

Soweit die Einziehung des Miet- oder Pachtzinses dem Hypothekgläubiger gegenüber unwirksam ist, kann der Mieter oder Pächter nicht eine ihm gegen den Vermieter oder den Verpächter zustehende Forderung gegen den Hypothekgläubiger aufrechnen [8]).

Schließlich erstreckt sich die Hypothek auch auf die Ansprüche auf wiederkehrende Leistungen, wenn mit dem Eigentum an dem Grundstück ein Recht auf wiederkehrende Leistungen verbunden ist, und auf die Forderung gegen den Versicherer, wenn Gegenstände, die der Hypothek unterliegen, für den Eigentümer des Grundstückes unter Versicherung gebracht sind [9]).

Endlich erstreckt sich die an einem Grundstück bestehende Hypothek auf jedes neue Grundstück, welches jenem als Bestandteil im Grundbuch zugeschrieben wird. Rechte, mit denen das zugeschriebene Grundstück belastet ist, gehen der Hypothek jedoch vor [10]).

Die Hypothek für eine Forderung kann sich auf mehrere Grundstücke erstrecken; in diesem Falle der sogen. Gesamthypothek haftet jedes Grundstück für die ganze Forderung; der Gläubiger kann hiebei die Befriedigung nach seinem Belieben aus jedem Grundstück ganz oder zu einem Teil suchen. Der Gläubiger ist aber auch berechtigt, den Betrag der Forderung auf die einzelnen Grundstücke in der Weise zu verteilen, daß jedes Grundstück nur für den zugeteilten Teil haftet; es kann also die Gesamthypothek in einzelne Teilhypotheken umgewandelt werden, hierzu ist die einseitige Erklärung des Gläubigers gegenüber dem Eigentümer oder dem Grundbuchamte und die Eintragung der Umwandlung im Grundbuch, gegebenenfalls die Zustimmung eines Dritten, wenn die Gesamthypothek mit dem Rechte eines Dritten belastet ist, erforderlich und genügend [11]).

XIII. Kapitel.

Arten der Hypothek.

Die Hypothek kommt vor als sogen. Verkehrshypothek und als sogen. Sicherungshypothek.

Eine Unterart der letzteren ist wiederum die Maximal- oder Ultimathypothek.

I. Die Verkehrshypothek.

Bei der Verkehrshypothek ist der durch den öffentlichen Glauben des Grundbuchs gewährte Schutz auf die Forderung erstreckt. Es

---

7) § 1124 B.G.B.
8) § 1125 B.G.B.
9) §§ 1126—1130 B.G.B.
10) § 1131 B.G.B.
11) §§ 1132, 875, 876, 878 B.G.B.

wird vermutet, daß dem eingetragenen Gläubiger die eingetragene Forderung zusteht; dem Erwerber einer solchen Hypothek können keinerlei Einwendungen aus dem persönlichen Schuldverhältnisse entgegengestellt werden, die weder aus dem Grundbuch hervorgehen, noch ihm beim Erwerbe bekannt gewesen sind [1]).

Es sind zwei Unterarten der Verkehrshypothek zu unterscheiden: die Briefhypothek und die Buchhypothek.

a) Die Briefhypothek.

Die Briefhypothek ist eine Hypothek, über die eine Urkunde, der sogen. Hypothekenbrief, ausgestellt wird [2]). Der Inhalt des Hypothekenbriefes, der einen Auszug aus dem Grundbuchblatte bedeutet, das Verfahren bei dessen Erteilung und seine Behandlung bei Eintragungen, die sich auf die Hypothek beziehen, ist durch die Grundbuchordnung geregelt [3]). Der Hypothekenbrief verfolgt den Zweck, die Verkehrsfähigkeit der Hypothek zu erhöhen; er muß deshalb über alle für das verbriefte Recht erheblichen Verhältnisse ebenso zuverlässig wie das Grundbuch Auskunft geben; der Hypothekenbrief macht also die Einsicht in das Grundbuch entbehrlich; außer dieser informatorischen Funktion wohnt dem Hypothekenbrief eine weit bedeutsamere Eigenschaft inne. Der Hypothekenbrief ist geradezu Träger des Pfandrechtes; der Gläubiger erwirbt die Hypothek erst durch die Übergabe des Hypothekenbriefes; zur Abtretung und Verpfändung des Rechtes ist die Übergabe des Briefes erforderlich; bei der Pfändung des Rechtes durch gerichtlichen Pfändungsbeschluß bedarf es der Übergabe des Briefes an den Gläubiger oder seiner Wegnahme durch den Gerichtsvollzieher; hiervon wird später ausführlicher gesprochen werden [4]).

b) Buchhypothek.

Eine Buchhypothek entsteht nur dann, wenn durch Parteivereinbarung die Erteilung des Hypothekenbriefes ausgeschlossen wird; die Erteilung des Briefes kann sofort bei der Bestellung ausgeschlossen werden; es kann auch später die Ausschließung erfolgen; ebenso kann nachträglich die Ausschließung der Erteilung des Briefes aufgehoben werden; es kann also eine Briefhypothek nachträglich in eine Buchhypothek umgewandelt werden und umgekehrt [5]).

Die Buchhypothek entspricht ihrer rechtlichen Natur nach im allgemeinen der bisherigen Hypothek des bayerischen Rechtes.

Zu der Ausschließung des Briefes ist die Einigung des Gläubigers

[1]) §§ 1138, 1140, 1156, 891—899 B.G.B. Planck S. 441; Achilles S. 61; Cosack § 223.
[2]) § 1116 B.G.B.
[3]) §§ 56—70 G.B.O.
[4]) §§ 1117, 1154 B.G.B., § 830 Z.P.O.
[5]) § 1116 Abs. 2 u. 3 B.G.B.

und des Eigentümers, sowie die Eintragung der Ausschließung in das Grundbuch nach den allgemeinen Vorschriften des § 873 ff. erforderlich. Die Aufhebung der Ausschließung erfolgt in gleicher Weise[6]).

II. Die Sicherungshypothek.

Die Sicherungshypothek, welche als Briefhypothek kraft Gesetzes ausgeschlossen ist, demnach nur als Buchhypothek vorkommt[7]) und welche als Sicherungshypothek im Hypothekenbuch ausdrücklich bezeichnet werden muß, unterscheidet sich von der Verkehrshypothek durch ihre streng accessorische Natur infolge Einschränkung der Wirkungen des öffentlichen Glaubens des Grundbuchs. Bei der Verkehrshypothek wird, wie oben bereits ausgeführt, vermutet, daß dem Gläubiger die eingetragene Forderung zusteht; dem Erwerber einer solchen Hypothek können keine Einwendungen aus dem persönlichen Schuldverhältnis entgegengestellt werden, die weder aus dem Grundbuche hervorgehen noch ihm beim Erwerbe bekannt gewesen sind. Wenn das Gesetz den durch den öffentlichen Glauben des Grundbuches gewährten Schutz bei der Hypothek auf die Forderung erstreckt, so läßt sich dies nur dadurch rechtfertigen, daß die Hypothek nur auf diesem Wege die im Interesse des Realkredits nötige Verkehrsfähigkeit erlangen kann.

Der Gesetzgeber hat aber auch die Fälle berücksichtigt, in denen die Beteiligten von vornherein gar nicht die Absicht haben, in der Hypothek einen Verkehrsgegenstand zu schaffen, der Zweck der Hypothekbestellung vielmehr einzig und allein der ist, Sicherheit für die Erfüllung einer Verbindlichkeit zu leisten.

In diesen Fällen kann die Hypothek nur insoweit geltend gemacht werden, als die Forderung, zu deren Sicherheit sie eingetragen wurde, wirklich zur Entstehung gelangt und nicht bereits wieder aufgehoben ist; bei der Sicherungshypothek bestimmte sich deshalb das Recht des Gläubigers aus der Hypothek nur nach der Forderung; er kann sich zum Beweise ihres Bestehens und ihrer Höhe nicht auf die Eintragung im Grundbuch berufen; er muß sich alle Einwendungen aus dem Schuldverhältnisse gefallen lassen, insbesondere auch Einwendungen aus der Person des früheren Gläubigers, z. B. den Einwand der Zahlung an den früheren Gläubiger[8]). Die Sicherungshypothek kann in eine gewöhnliche Hypothek, eine gewöhnliche Hypothek kann in eine Sicherungshypothek umgewandelt werden, diese Umwandlung vollzieht sich nach den allgemeinen Regeln des § 873 B.G.B. durch Einigung zwischen Gläubiger und Eigentümer und Eintragung ins Grundbuch. Die Zustimmung der im Rang gleich oder nachstehenden Berechtigten ist hierzu nicht erforderlich[9]).

---

6) § 1116 Abs. 2 Satz 2 B.G.B.
7) § 1185 B.G.B.
8) §§ 1184, 1185 B.G.B. Motive III S. 619 ff. Achilles S. 61.
9) § 1186 B.G.B.

Eine besondere Art der Sicherungshypothek ist die Kautions- oder Ultimathypothek. Es kann nämlich eine Hypothek in der Weise bestellt werden, daß nur der Höchstbetrag, bis zu dem das Grundstück haften soll, bestimmt, im übrigen die Feststellung der Forderung vorbehalten wird. Eine solche Hypothek gilt immer als Sicherungshypothek, auch wenn sie im Grundbuche als solche nicht bezeichnet ist. Der Höchstbetrag, bis zu dem das Grundstück haften soll, muß in das Grundbuch eingetragen werden; ist die gesicherte Forderung verzinslich, so werden die Zinsen in den Höchstbetrag eingerechnet; über diesen hinaus haftet das Grundstück auch für die Zinsen nicht[10]).

Es ist der Parteivereinbarung überlassen, ob Verkehrs- oder Sicherungshypothek bestellt werden soll. Nur folgende Hypotheken sind kraft Gesetzes Sicherungshypotheken:

a) Die Hypothek, deren Eintragung der Unternehmer eines Bauwerkes für seine Forderungen aus dem Vertrage an dem Baugrundstücke des Bestellers verlangen kann[11])

b) Die Kautions- oder Ultimathypothek[12]).

c) Die Hypothek für eine Forderung aus einer Schuldverschreibung auf den Inhaber, aus einem Wechsel, oder einem anderen durch Indossament übertragbaren Papier[13]).

d) Die Hypothek, welche der Pfandgläubiger einer Forderung auf Übereignung des Grundstückes mit der Übertragung des Eigentums auf den Gläubiger erwirbt[14]).

e) Die Hypothek, die auf Ersuchen des Vormundschaftsgerichtes an Grundstücken des Vormundes, des Pflegers oder Beistandes einzutragen ist[15]).

f) Die Zwangs- oder Arresthypothek[16]).

g) Die Hypotheken, welche auf Ersuchen des Vollstreckungsgerichtes einzutragen sind für die Forderungen, welche bei der Zwangsversteigerung eines Grundstückes den aus dem Versteigerungserlös zu befriedigenden Berechtigten gegen den Ansteigerer übertragen werden[17]).

h) Die Hypothek, deren Eintragung der Brauer für die gestundete oder rückständige Bierkaufpreisforderung an dem Grundstück des Wirtes verlangen kann[18]).

i) Die Hypothek, deren Eintragung die Staatskasse für ihre Ansprüche wegen fälliger öffentlicher Abgaben und Kosten eines Verfahrens an den Grundstücken des Schuldners zu verlangen berechtigt ist[19]).

---

10) § 1190 B.G.B.
11) § 648 B.G.B. Art. 50 des Ü.G.
12) § 1190 B.G.B.
13) § 1187 B.G.B. Art. 49 des Ü.G.
14) § 1287 B.G.B. 848 Z.P.O.
15) § 54 F.G.G., § 1844, 1915, 1693 B.G.B. Art. 56 des Ü.G.
16) §§ 866, 867, 932 Z.P.O.
17) §§ 128, 130 Z.V.G.
18) Art. 18 E.G. z. H.G.B., Art. 14 A.G. z. B.G.B., Art. 50 Ü.G.
19) Art. 91 E.G. z. B.G.B., Art. 123 A.G. z. B.G.B., Art. 50 Ü.G.

k) Die Hypotheken, deren Eintragung die Gemeinden und andere Kommunalverbände, die Stiftungen des öffentlichen Rechtes und die unter der Verwaltung einer öffentlichen Behörde stehenden Stiftungen für die Forderungen aus der Verwaltung des Vermögens gegen den Verwalter an Grundstücken des Verwalters verlangen können[20]).

XIV. Kapitel.

Inhalt der Hypotheken.

Der nähere Inhalt der Hypothek wird durch Parteivereinbarung bestimmt. Die zu sichernde Forderung kann jedoch nur eine Geldforderung sein, sei es, daß sie fällig, bedingt oder betagt ist; der Betrag muß in Reichswährung im Grundbuch angegeben werden; ebenso ist der Zinsfuß, wenn die Forderung verzinslich und der Geldbetrag etwaiger anderer Nebenleistungen, z. B. einer Zinsen- und Kostenkaution ins Grundbuch einzuschreiben; nur bei der Eintragung der Hypothek für ein Darlehen einer Kreditanstalt, deren Satzung von der zuständigen Behörde öffentlich bekannt gegeben ist, genügt zur Bezeichnung der außer den Zinsen satzungsgemäß zu entrichtenden Nebenleistungen die Bezugnahme auf die Satzung[1]).

Keiner Eintragung bedürfen die gesetzlichen Zinsen der Forderung, sowie die Kosten der Kündigung und der die Befriedigung aus dem Grundstücke bezweckenden Rechtsverfolgung, da hiefür das Grundstück kraft der Hypothek auf Grund ausdrücklicher gesetzlicher Bestimmung haftet[2]).

Im übrigen können die Beteiligten Kündigungsfrist, Zahlungszeit, Zahlungsort und sonstige Vorbedingungen, z. B. die sogen. Goldklausel frei bestimmen und in das Grundbuch eintragen lassen[3]). Ausdrücklich zugelassen ist bei einer Hypothek für die Forderung aus einer Schuldverschreibung auf den Inhaber, aus einem Wechsel, oder aus einem anderen durch Indossament übertragbaren Papier die Bestellung eines Vertreters für den jeweiligen Gläubiger mit der Befugnis, mit Wirkung für und gegen jeden späteren Gläubiger bestimmte Verfügungen über die Hypothek zu treffen und den Gläubiger bei der Geltendmachung der Hypothek zu vertreten. Zur Bestellung des Vertreters ist die Eintragung in das Grundbuch erforderlich[4]). Ausdrücklich für nichtig erklärt ist die Nebenverabredung, durch die sich der Eigentümer dem Hypothekgläubiger gegenüber verpflichtet, das Grundstück nicht zu veräußern und weiter zu belasten[5]) und die Vereinbarung, daß der Gläubiger berechtigt sein soll, zum Zwecke der Befriedigung die Über-

---

[20]) Art. 91 E.G. z. B.G.B., Art. 89 A.G. z. B.G.B., Art. 50 Ü G.
[1]) §§ 1113, 1115 B.G.B., § 28 G.B.O.
[2]) § 1118 B.G.B. Planck § 1118 Anm. 1.
[3]) Achilles S. 67.
[4]) § 1189 B.G.B.
[5]) § 1136 B.G.B.

tragung des Eigentums an dem Grundstücke zu verlangen oder die Veräußerung des Grundstückes auf andere Weise als im Wege der Zwangsvollstreckung zu bewirken, sofern diese Vereinbarung getroffen wird, bevor die Forderung dem Eigentümer gegenüber fällig geworden ist[6]).

XV. Kapitel*).

Begründung der Hypothek.

Zur Begründung der Hypothek bedarf es nach der allgemeinen Regel des § 873 B.G.B. regelmäßig der Einigung zwischen dem Eigentümer und dem zukünftigen Pfandgläubiger und der Eintragung der Hypothek in das Grundbuch.

Diese Regel ist jedoch vielfach durchbrochen.

1. Zur Einigung und Eintragung muß noch die Existenz der gesicherten Forderung hinzukommen; ist nämlich die Forderung, für welche die Hypothek bestellt ist, nicht zur Entstehung gelangt, so steht die Hypothek dem Eigentümer zu. Über die Eigentümerhypothek wird unten gesprochen werden[1]).

2. Der Gläubiger der Briefhypothek erwirbt die Hypothek erst, wenn ihm der Hypothekenbrief von dem Eigentümer des Grundstückes übergeben wird; diese Übergabe kann aber durch die Vereinbarung ersetzt werden, daß der Gläubiger berechtigt sein soll, sich von dem Grundbuchamte den Brief aushändigen zu lassen. Die Briefhypothek entsteht also entweder durch Einigung, Eintragung und Übergabe des Briefes oder durch Einigung, Eintragung im Zusammenhalt mit der oben angeführten Vereinbarung; ist diese Vereinbarung nicht getroffen, die Hypothek eingetragen, so steht sie bis zur Übergabe des Briefes an den Gläubiger wiederum dem Eigentümer zu[2]).

3. Von dem Eintragungsprinzipe ist nur eine einzige Ausnahme gemacht:

Der Pfandgläubiger einer Forderung, bei der die Leistung in der Übertragung des Eigentums an einem Grundstück besteht, erwirbt mit der Übertragung des Eigentums auf den Pfandschuldner, an dem Grundstücke für seine durch Pfandrecht gesicherte Forderung eine Sicherungshypothek[3]); natürlich ist die Eintragung erforderlich, um die Wirkungen des öffentlichen Glaubens des Hypothekenbuches auszuschließen.

---

[6]) § 1149 B.G.B. Achilles S. 68.

*) Für die Übergangszeit ist maßgebend: Art. 184, 186, 189, 192—195 B.G.B.

[1]) § 1163 B.G.B. Achilles S. 74.

[2]) §§ 1117, 1163 B.G.B.

[3]) § 1287 B.G.B., § 848 Z.P.O. Achilles S. 75; für die Übergangszeit: Art. 60, 123 des Ü.G.

4. Der Eintragung, aber nicht der Einigung, bedarf es zur Begründung der Hypothek in folgenden Fällen:

Zur Bestellung einer Hypothek für die Forderung aus einer Schuldverschreibung auf den Inhaber genügt die einseitige Erklärung des Eigentümers gegenüber dem Grundbuchamte, daß er die Hypothek bestelle und die Eintragung in das Grundbuch[4]).

Mit der Eintragung und ohne Einigung entstehen die Sicherungshypotheken, welche auf Ersuchen des Vollstreckungsgerichtes in einem Zwangsversteigerungsverfahren für die Forderungen einzutragen sind, welche den aus dem Ersteigerungserlös zu befriedigenden Berechtigten gegen den Ansteigerer übertragen werden[5]); weiter entstehen mit der Eintragung ohne Einigung die Sicherungshypotheken an Grundstücken des Vormundes, des Pflegers und des Beistandes, welche auf Ersuchen des Vormundschaftsgerichtes eingetragen werden[6]) und die Sicherungshypotheken, welche gem. Art. 91 des E.G. z. B.G.B. Art. 89, 123 des bayr. A.G. z. B.G.B. eingetragen werden können[7]).

Ohne Einigung entstehen schließlich mit der Eintragung die Zwangs- und Arresthypotheken[8]).

Die Sicherungshypotheken für die Forderungen des Unternehmers eines Bauwerkes und für die Bierforderung des Brauers bedürfen dagegen zu ihrer Entstehung der Einigung und der Eintragung; der diesen Personen gewährte gesetzliche Anspruch auf Hypothek ersetzt nur den obligatorischen Vertrag; im Weigerungsfalle ist die zu der Einigung erforderliche Erklärung des Eigentümers auf dem Klagewege zu erzwingen[9])[10]).

XVI. Kapitel.

Erwerb bestehender Hypotheken durch Rechtsgeschäft.

Aus der accessorischen Natur der Hypothek folgt zunächst, daß mit der Übertragung der Forderung die Hypothek auf den neuen Gläubiger übergeht; es kann die Forderung nicht ohne die Hypothek, die Hypothek nicht ohne die Forderung übertragen und erworben werden[1]).

Bei dem Erwerb bestehender Hypotheken durch rechtsgeschäftliche Übertragung ist zunächst zwischen Buchhypotheken und Briefhypotheken zu unterscheiden.

---

[4]) § 1188 B.G.B.

[5]) § 130 Z.V.G.

[6]) § 54 F.G.G., §§ 1844, 1915, 1693 B.G.B.

[7]) Siehe Kap. XIII.

[8]) § 866 ff., § 932 Z.P.O.

[9]) § 648 B.G.B., Art. 14 A.G. z. B.G.B. Achilles S. 77, Henle-Schneider Art. 14 Anm. 3.

[10]) Für die Übergangszeit siehe hier Art. 50—56, 119—122 des Ü.G. über die gesetzl. Hypothekentitel.

[1]) § 1153 B.G.B.

Die Übertragung der Buchhypotheken vollzieht sich in der Regel nach den allgemeinen Grundsätzen des § 873 B.G.B. durch Einigung und Eintragung[2]); nur die Sicherungshypotheken für Forderungen aus den Schuldverschreibungen auf den Inhaber, aus Wechseln und anderen durch Indossament übertragbaren Papieren werden nach den für die Forderung geltenden Regeln übertragen; der Übergang der Forderung schließt hier ohne weiteres den Übergang des hypothekarischen Rechtes in sich[3]).

Die Übertragung der Briefhypothek geht vor sich durch Erteilung der Abtretungserklärung in schriftlicher Form und durch Übergabe des Hypothekenbriefes. Der bisherige Gläubiger hat auf Verlangen des neuen Gläubigers die Abtretungserklärung auf seine Kosten öffentlich beglaubigen zu lassen.

Die Erteilung der Abtretungserklärung in schriftlicher Form kann dadurch ersetzt werden, daß die Abtretung in das Grundbuch eingetragen wird; die Übergabe des Hypothekenbriefes kann durch die Vereinbarung ersetzt werden, daß der neue Gläubiger berechtigt sein soll, sich den Brief vom Grundbuchamte aushändigen zu lassen[4]).

Da für die Abtretung der Briefhypothek die Eintragung ins Grundbuch nicht erforderlich ist, kann es vorkommen, daß der eingetragene Gläubiger einer Briefhypothek mit dem forderungsberechtigten Gläubiger nicht mehr identisch ist.

Um nun der Briefhypothek die Verkehrsfähigkeit zu erhalten, ist bestimmt, daß der Erwerber der Briefhypothek von einem legitimierten, aber nicht eingetragenen Gläubiger ebenso sichergestellt ist, wie wenn dieser Gläubiger in das Grundbuch eingetragen wäre.

Ergibt sich das Gläubigerrecht des Besitzers des Hypothekenbriefs aus einer zusammenhängenden, auf einen eingetragenen Gläubiger zurückführenden Reihe von öffentlich beglaubigten Abtretungserklärungen, so finden die Vorschriften der §§ 891—899 B.G.B. in gleicher Weise Anwendung, wie wenn der Besitzer des Briefes als Gläubiger im Grundbuch eingetragen wäre. Einer öffentlich beglaubigten Abtretungserklärung steht gleich ein gerichtlicher Überweisungsbeschluß und das öffentlich beglaubigte Anerkenntnis einer kraft Gesetzes erfolgten Übertragung der Forderung[5]).

Der nach diesen Bestimmungen legitimierte Besitzer des Briefes steht also hinsichtlich des Schutzes des öffentlichen Glaubens des Grundbuches einem eingetragenen Gläubiger gleich; zu Gunsten desjenigen, welcher von ihm die Hypothek erwirbt, gilt er deshalb als Gläubiger.

Wenn das Gesetz die Übertragung der Hypothekforderung von der Übergabe des Briefes abhängig macht, so muß es auch Vorsorge

---

[2]) § 1154 Abs. 3 B.G.B.
[3]) § 1187 Satz 3 B.G.B. Planck § 1117 Anm. 3c.
[4]) § 1154 Abs. 1 u. 2, § 1117 B.G.B.
[5]) § 1155 B.G.B. Planck § 1155 Anm. 1.

treffen, daß der Gläubiger, welchem die Urkunde verloren gegangen ist, eine neue Urkunde erhalten kann. Da aber der Hypothekenbrief bei der Bedeutung, welche er für das Gläubigerrecht hat, in mehreren giltigen Exemplaren nicht in Verkehr sein darf, so ist im Falle des Verlustes zunächst die Kraftloserklärung im Wege des Aufgebotsverfahrens zu erwirken[6]).

Gemeinsam für Buchhypotheken und Briefhypotheken gilt die Bestimmung, nach der sich die Übertragung der Hypothek, soweit diese auf rückständige Zinsen oder andere Nebenleistungen oder auf Erstattung von Kosten gerichtet ist, formlos nach den für die Übertragung von Forderungen geltenden allgemeinen Vorschriften vollzieht[7]).

Soweit die Forderung auf Zinsen oder andere Nebenleistungen gerichtet ist, die nicht später als in dem Kalendervierteljahr, in welchem der Eigentümer von der Übertragung Kenntnis erlangt, oder dem folgenden Vierteljahre fällig werden, kommen für die Form der Übertragung die für die Abtretung der Hypothek geltenden Vorschriften zur Anwendung[8]). Der neue Gläubiger einer solchen Hypothekforderung kann sich jedoch hinsichtlich seiner Ansprüche auf den öffentlichen Glauben des Grundbuches nicht berufen[9]).

Es kann eine Hypothek auch nur teilweise übertragen werden; im Falle der Teilung der Forderung kann für jeden Teil der Briefhypothek ein Teilhypothekenbrief neu hergestellt werden; der Teilhypothekenbrief tritt für den Teil, auf den er sich bezieht, an die Stelle des bisherigen Briefes[10]).

XVII. Kapitel.

Erwerb der Hypothek kraft Gesetzes.

In einer Reihe von Fällen geht die Hypothek kraft Gesetzes über auf den Eigentümer, auf den persönlichen Schuldner und auf einen den Gläubiger befriedigenden Dritten[1]).

Dieser Übergang vollzieht sich ohne Einigung und Eintragung.

I. Übertragung kraft Gesetzes auf den Eigentümer. Die Eigentümerhypothek.

1. Ist die Forderung, für welche die Hypothek bestellt ist, nicht zur Entstehung gelangt, so steht die Hypothek dem Eigentümer zu[2]). Durch diese gesetzliche Bestimmung ist die Grundlage für die Ent-

---

[6]) § 1162 B.G.B.; Z.P.O. §§ 947—959, 1007—1009, 1014—1018. Motive III, 762.

[7]) § 1159 B.G.B.

[8]) §§ 1154, 1158. Planck, § 1158 Anm. 2.

[9]) § 1158. Planck, § 1158 Anm. 3b.

[10]) §§ 1151, 1152 B.G.B.

[1]) Achilles: S. 79 ff.

[2]) § 1163 B.G.B.

stehung der sogen. Eigentümerhypothek gebildet, bei der dem Eigentümer die Hypothek ohne Forderung zusteht. Die Eigentümerhypothek, die also den accessorischen Charakter der Hypothek völlig abgestreift hat und demgemäß ihrem rechtlichen Inhalte nach als Grundschuld zu betrachten ist[3]), wurde in das Bürgerliche Gesetzbuch aufgenommen, um einerseits das berechtigte Interesse des Realkredits zu wahren und zu fördern und andererseits zu verhindern, daß den nachstehenden Berechtigten ein durchaus unberechtigter Vorteil aus der Vereinigung eines vorstehenden Rechtes mit dem Eigentümer erwachse. Es fordert die Rücksicht auf den Realkredit, daß der Eigentümer die Möglichkeit hat, die nämliche Sicherheit, welche die alte Hypothek dem Gläubiger verschaffte, zur Befriedigung eines weiteren Kreditbedürfnisses an einen neuen Gläubiger zu vergeben. Diese Möglichkeit ist aber nur dann vorhanden, wenn dem Eigentümer die Hypothek zufällt und ihm so die Befugnis zusteht, über dieselbe zu verfügen. Des weiteren entspricht es der Billigkeit, daß ein nachfolgender Hypothekgläubiger durch den Wegfall der Vorhypothek nicht eine Verbesserung seiner Stellung erlangt, auf welche er vermöge seines dinglichen Rechtes nicht rechnen durfte. Durch die Eigentümerhypothek ist das Institut der Hypothekerneuerung oder Rangoffenbelassung des bisherigen bayerischen Hypothekenrechtes völlig verdrängt[4]).

Die Eigentümerhypothek, die selbstverständlich rechtsgültige Einigung und Eintragung zur Voraussetzung hat, entsteht nach Obigem kraft Gesetzes, wenn die Forderung überhaupt nicht zur Entstehung gelangte, wenn also z. B. die Darlehenssumme, zu deren Sicherung die Hypothek bestellt wurde, nicht ausbezahlt wird; es erwirbt aber auch der Eigentümer die Hypothek, wenn die Forderung erlischt, wenn also z. B. der Gläubiger vom Eigentümer, der zugleich persönlicher Schuldner ist, befriedigt wird[5]).

Befriedigt der Eigentümer, der nicht persönlicher Schuldner ist, den Gläubiger, so geht die Forderung und mit dieser die Hypothek auf den Eigentümer über. Die Fortdauer dieser Eigentümerhypothek folgt jedoch lediglich aus der allgemeinen Vorschrift des § 889 B.G.B., wonach die Konfusion als Erlöschungsgrund der Rechte an Grundstücken beseitigt ist[6]).

Eine Gesamthypothek steht in den obenerwähnten Fällen des Übergangs auf den Eigentümer den Eigentümern der belasteten Grundstücke gemeinschaftlich zu; jeder Eigentümer kann, sofern nicht ein anderes vereinbart ist, verlangen, daß die Hypothek an seinem Grundstück auf den Teilbetrag, der dem Verhältnisse des Wertes seines Grundstückes zu dem Werte der sämtlichen Grundstücke entspricht, be-

---

[3]) § 1177 Abs. 1 B.G.B.

[4]) Motive III, S. 203. Für die Übergangszeit: Art. 58, 59 des Ü.G.

[5]) § 1163 Abs. 1 Satz 2 B.G.B.

[6]) § 1143 B.G.B. §§ 412, 401 B.G.B. § 877 Abs. 2 B.G.B. Planck, Bd. III, S. 444 Vorbemerkung zum achten Abschnitt unter Ziff. 2e Buchst. γ.

schränkt und in dieser Beschränkung ihm zugeteilt wird. Hierbei wird der Wert unter Abzug der Belastungen berechnet, die der Gesamthypothek im Range vorgehen[7]).

Befriedigt der Eigentümer eines der mit einer Gesamthypothek belasteten Grundstücke den Gläubiger, so erwirbt er die Hypothek an seinem Grundstücke. Die Hypothek an den übrigen Grundstücken erlischt; der Befriedigung des Gläubigers durch den Eigentümer steht es gleich, wenn das Gläubigerrecht auf den Eigentümer übertragen wird oder wenn sich Forderung und Schuld in der Person des Eigentümers vereinigen.

Kann der Eigentümer, der den Gläubiger befriedigt, von dem Eigentümer eines der anderen Grundstücke, oder einem Rechtsvorgänger dieses Eigentümers Ersatz verlangen, so geht in Höhe des Ersatzanspruches auch die Hypothek an dem Grundstücke dieses Eigentümers auf ihn über; sie bleibt mit der Hypothek an seinem eigenen Grundstücke Gesamthypothek[8]).

Soweit im Falle einer Gesamthypothek der Eigentümer des Grundstückes, aus dem der Gläubiger im Wege der Zwangsvollstreckung befriedigt wird, von dem Eigentümer eines der anderen Grundstücke oder einem Rechtsvorgänger dieses Eigentümers Ersatz verlangen kann, geht die Hypothek an dem Grundstücke dieses Eigentümers auf ihn über. Die Hypothek kann jedoch, wenn der Gläubiger nur teilweise befriedigt wird, nicht zum Nachteil der dem Gläubiger verbleibenden Hypothek und, wenn das Grundstück mit einem im Range gleich- oder nachstehenden Recht belastet ist, nicht zum Nachteile dieses Rechtes geltend gemacht werden[9]).

2. Die Briefhypothek steht bis zur Übergabe des Briefes an den Gläubiger dem Eigentümer zu[10]).

3. Verzichtet der Gläubiger ganz oder teilweise auf die Hypothek, so erwirbt sie der Eigentümer; der Verzicht ist dem Grundbuchamte oder dem Eigentümer gegenüber zu erklären und bedarf der Eintragung in das Grundbuch[11]).

Das gleiche gilt, wenn ein Dritter ohne Einwilligung des Eigentümers die hypothekarisch gesicherte Schuld übernimmt; in diesem Falle erlischt das Recht des Gläubigers aus der Hypothek; diese wird vom Eigentümer erworben. Es erlöschen nämlich infolge der Schuldübernahme die für die Forderung bestellten Bürgschaften und Pfandrechte. Besteht für die Forderung eine Hypothek, so tritt das gleiche ein, wie wenn der Gläubiger auf die Hypothek verzichtet. Diese Vorschriften finden keine Anwendung, wenn der Bürge oder derjenige, welchem der verhaftete Gegenstand zurzeit der Schuldübernahme gehört, in diese einwilligt[12]).

---

[7]) §§ 1172, 1132 Abs. 2 B.G.B.
[8]) § 1173 B.G.B.
[9]) § 1182 B.G.B.
[10]) § 1163 Abs. 2 B.G.B.
[11]) §§ 1168, 1145, 875 Abs. 2, 876, 878 B.G.B.
[12]) § 418 Abs. 1 B.G.B.

Steht dem Eigentümer eine Einrede zu, durch welche die Geltendmachung der Hypothek dauernd ausgeschlossen ist, so kann er verlangen, daß der Gläubiger auf die Hypothek verzichtet; auch diese Hypothek erwirbt alsdann der Eigentümer[13]).

4. Der Eigentümer erwirbt weiter die Hypothek, wenn der unbekannte Gläubiger im Aufgebotsverfahren mit seinem Rechte ausgeschlossen wird.

Ist der Gläubiger unbekannt, so kann er im Wege des Aufgebotsverfahrens mit seinem Rechte ausgeschlossen werden, wenn seit der letzten sich auf die Hypothek beziehenden Eintragung in das Grundbuch 10 Jahre verstrichen sind und das Recht des Gläubigers nicht innerhalb dieser Frist von dem Eigentümer in einer nach § 208 B.G.B zur Unterbrechung der Verjährung geeigneten Weise anerkannt worden ist. Besteht für die Forderung eine nach dem Kalender bestimmte Zahlungszeit, so beginnt die Frist nicht vor dem Ablaufe des Zahlungstages.

Mit der Erlassung des Ausschlußurteiles erwirbt der Eigentümer die Hypothek. Der dem Gläubiger erteilte Hypothekenbrief wird kraftlos[14]).

Der unbekannte Gläubiger kann im Wege des Aufgebotsverfahrens mit seinem Rechte auch dann ausgeschlossen werden, wenn der Eigentümer zur Befriedigung des Gläubigers oder zur Kündigung berechtigt ist und den Betrag der Forderung für den Gläubiger unter Verzicht auf das Recht zur Rücknahme hinterlegt. Die Hinterlegung von Zinsen ist nur erforderlich, wenn der Zinssatz im Grundbuch eingetragen ist; Zinsen für eine frühere Zeit als das vierte Kalenderjahr vor der Erlassung des Ausschlußurteiles sind nicht zu hinterlegen. Mit der Erlassung des Ausschlußurteiles gilt der Gläubiger als befriedigt, sofern nicht nach den Vorschriften über die Hinterlegung die Befriedigung schon vorher eingetreten ist. Der dem Gläubiger erteilte Hypothekenbrief wird kraftlos[15]). Mit der Befriedigung geht auch diese Hypothek auf den Eigentümer über; es ist dies zwar im Gesetze nicht besonders hervorgehoben, folgt aber ohne weiteres aus §§ 1163, bezw. 1143 B.G.B., wenn der Eigentümer nicht persönlich haftete.

5. Die Zwangshypothek wird schließlich vom Eigentümer erworben, wenn durch eine vollstreckbare Entscheidung die zu vollstreckende Entscheidung oder ihre vorläufige Vollstreckbarkeit aufgehoben oder die Zwangsvollstreckung für unzulässig erklärt oder deren Einstellung angeordnet, oder wenn durch eine gerichtliche Entscheidung die einstweilige Einstellung der Vollstreckung und zugleich die Aufhebung der erfolgten Vollstreckungsmaßregeln angeordnet wird, oder wenn die zur Abwendung der Vollstreckung nachgelassene Sicherheitsleistung oder Hinterlegung erfolgt[16]).

---

[13]) §§ 1168, 1169 B.G.B.
[14]) § 1070 B.G.B.
[15]) § 1071 B.G.B.
[16]) § 868 Z.P.O.

II. Übergang kraft Gesetzes auf den persönlichen Schuldner.

1. Befriedigt der persönliche Schuldner, der nicht Eigentümer des belasteten Grundstückes ist, den Gläubiger, so geht die Hypothek insoweit auf ihn über, als er von dem Eigentümer oder einem Rechtsvorgänger desselben Ersatz verlangen kann[17]). Diese gesetzliche Bestimmung wird insbesondere dann praktisch werden, wenn der derzeitige Eigentümer dem früheren Eigentümer gegenüber die Hypothek unter Anrechnung auf den Kaufpreis übernommen hat, ohne daß diese Schuldübernahme nach den Bestimmungen des § 414ff. B.G.B. vom Gläubiger genehmigt wurde oder als genehmigt zu gelten hat; in diesen Fällen ist der Verkäufer von der persönlichen Haftung dem Hypothekgläubiger gegenüber nicht befreit; wird er von diesem in Anspruch genommen und befriedigt er diesen, so geht in der Höhe seines Ersatzanspruches gegen den Eigentümer die Hypothek kraft Gesetzes auf ihn über[18]). Ist in diesem Falle dem persönlichen Schuldner vom Eigentümer nur teilweise Ersatz zu leisten, so wird die Hypothek, soweit sie nicht auf den persönlichen Schuldner übergegangen ist, zur Eigentümerhypothek; der Eigentümer kann sie jedoch nicht zum Nachteile der Hypothek des Schuldners geltend machen; die Eigentümerhypothek steht also der Hypothek des persönlichen Schuldners im Range nach[19]).

Befriedigt der persönliche Schuldner den Gläubiger, dem eine Gesamthypothek zusteht, so geht, wenn der Schuldner nur von dem Eigentümer eines der Grundstücke oder von einem Rechtsvorgänger desselben Ersatz verlangen kann, nur die Hypothek an diesem Grundstücke auf ihn über; die Hypothek an den übrigen Grundstücken dagegen erlischt. Ist in diesem Falle dem Schuldner nur teilweise Ersatz zu leisten, und geht deshalb die Hypothek nur zu einem Teilbetrag auf ihn über, so hat sich der Eigentümer diesen Betrag auf den ihm nach § 1172 B.G.B. gebührenden Teil des übrig bleibenden Betrages der Gesamthypothek anrechnen zu lassen[20]). Gemäß § 1172 Abs. 2 des B.G.B. kann nämlich bei der Eigentümergesamthypothek jeder der Eigentümer verlangen, daß die Hypothek an seinem Grundstück auf den Teilbetrag, der dem Verhältnisse des Wertes seines Grundstückes zu dem Werte der sämtlichen Grundstücke entspricht, als Einzelhypothek beschränkt wird.

Geht auf den persönlichen Schuldner eine Teilhypothek für seine Ersatzforderung gegen einen der Eigentümer auf dessen Grundstück über, so vermindert sich die Eigentümergesamthypothek um den Teil, der auf den persönlichen Schuldner übergegangen ist; zu diesem Teile ist nach Obigem die Hypothek auf den übrigen Grundstücken erloschen.

Befriedigt nun der ersatzpflichtige Eigentümer den persönlichen

---

[17]) § 1164 Abs. 1 BG.B.
[18]) Vergl. hierher Planck, § 1164 Anm. 2c.
[19]) § 1164 Abs. 1 Satz 2 B.G.B.
[20]) § 1174 B.G.B.

Schuldner, so erwirbt er den auf diesen übergegangenen Teil der Hypothek; würde er außerdem an der verbliebenen Gesamthypothek nach Maßgabe des § 1172 Abs. 2 entsprechend partizipieren, so würde dies auf Kosten der übrigen Eigentümer geschehen; er muß sich deshalb an dem auf ihn nach Maßgabe des § 1172 B.G.B. Abs. 2 treffenden Teil der restierenden Gesamthypothek den Betrag der Ersatzforderungshypothek des persönlichen Schuldners anrechnen lassen; dieser Betrag fällt den übrigen Eigentümern nach Verhältnis des Wertes ihrer Grundstücke zu[21]).

2. Die unter 1 erörterten Rechtssätze finden auch Anwendung, wenn sich Forderung und Schuld in einer Person vereinigen; beerbt z. B. der persönliche Schuldner den Gläubiger, so geht die Hypothek auf ihn über, soweit er einen Ersatzanspruch gegen den Eigentümer hat[22]).

In den Fällen unter 1 und 2 kann der persönliche Schuldner die Aushändigung des Hypothekenbriefes und der sonstigen Urkunden, die zur Berichtigung des Grundbuches oder zur Löschung der Hypothek erforderlich sind, verlangen; wird der Gläubiger nur teilweise befriedigt, so ist der Gläubiger verpflichtet, die teilweise Befriedigung auf dem Briefe zu vermerken und den Brief zum Zwecke der Berichtigung des Grundbuches oder der Löschung dem Grundbuchamt oder zum Zwecke der Herstellung eines Teilhypothekenbriefes der zuständigen Behörde oder einem zuständigen Notar vorzulegen[23]).

III. Übertragung kraft Gesetzes auf einen Dritten.

1. Soweit der Bürge den Gläubiger befriedigt, geht die Forderung des Gläubigers gegen den Hauptschuldner auf ihn über[24]); mit der Forderung erwirbt der Bürge aber auch die Hypothek[25]); da dieser Übergang jedoch nicht zum Nachteile des Gläubigers geltend gemacht werden kann, verbleibt dem nur teilweise befriedigten Gläubiger für die Restforderung der Vorrang vor der Teilhypothek des Bürgen[26]).

2. Betreibt der Gläubiger die Zwangsvollstreckung an einem dem Schuldner gehörigen Gegenstand, so ist jeder, der Gefahr läuft, durch die Zwangsvollstreckung ein Recht an dem Gegenstand oder dessen Besitz zu verlieren, berechtigt, den Gläubiger zu befriedigen; diese Befriedigung kann auch durch Hinterlegung oder auf Aufrechnung erfolgen; im Falle der Befriedigung des Gläubigers durch den Dritten geht Forderung und Hypothek des Gläubigers auf den Dritten über[27]).

Es steht jedoch dieses Befriedigungsrecht dem Dritten schon dann zu, wenn der Gläubiger Befriedigung aus dem Grundstück verlangt;

---

[21]) Siehe Planck, § 1174 Anm. 5.
[22]) § 1164 Abs. 2, § 1174 B.G.B.
[23]) §§ 1167, 1144, 1145 B.G.B.
[24]) § 774 B.G.B.
[25]) §§ 401, 412, 1153 B.G.B.
[26]) § 774 Abs. 1 Satz 2 B.G.B.
[27]) §§ 268, 401, 412, 1153 B.G.B.

es ist also nicht erforderlich, daß die Zwangsvollstreckung vom Gläubiger betrieben wird [28]).

Wird der Gläubiger vom Dritten nur teilweise befriedigt, so verbleibt dem Gläubiger für seine Resthypothek der Vorrang [29]).

3. Gesamtschuldner sind im Verhältnisse zueinander zu gleichen Anteilen verpflichtet, soweit nicht ein anderes bestimmt ist; soweit ein Gesamtschuldner den Gläubiger befriedigt und von den übrigen Schuldnern Ausgleichung verlangen kann, geht die Forderung des Gläubigers gegen die übrigen Schuldner auf ihn über; mit der Forderung erwirbt dieser Gesamtschuldner auch die Hypothek.

Da Mitbürgen einander nur nach der obenerwähnten Vorschrift haften, so erwirbt auch der Mitbürge, falls er den Gläubiger befriedigt, dessen Forderung mit Hypothek gegen die übrigen Mitbürgen, soweit er von diesen Ausgleichung verlangen kann.

Im Falle der teilweisen Befriedigung bleibt auch hier dem Gläubiger für die Restforderung der Vorrang [30]).

XVIII. Kapitel.

Änderung des Inhalts der Hypothek.

Auch für die Änderung des Inhaltes der Hypothek gelten die allgemeinen Vorschriften; es ist also hiezu in der Regel ein Vertrag zwischen dem Eigentümer und dem Gläubiger und die Eintragung ins Grundbuch erforderlich; unter Umständen muß die Zustimmung der etwa an der Hypothek beteiligten Dritten hinzukommen [1]).

Das Bürgerliche Gesetzbuch enthält noch folgende Sonderbestimmungen:

1. Es kann die Briefhypothek in eine Buchhypothek und die Buchhypothek in eine Briefhypothek nach den allgemeinen Regeln der §§ 873 ff. B.G.B. umgewandelt werden [2]), ebenso ist die Umwandlung der Sicherungshypothek in eine Verkehrshypothek und umgekehrt zulässig [3]), auch kann die Hypothek in eine Grundschuld, die Grundschuld in eine Hypothek umgewandelt werden [4]); in allen diesen Umwandlungsfällen ist die Zustimmung der im Range gleich- oder nachstehenden Berechtigten nicht erforderlich, da deren Rechte durch die Umwandlung nicht betroffen werden.

2. Ist die Forderung unverzinslich, oder ist der Zinssatz niedriger als fünf von Hundert, so kann die Hypothek ohne Zustimmung der

[28]) § 1150 B.G.B.
[29]) § 268 Abs. 3 B.G.B.
[30]) §§ 426, 774 Abs. 2, 412, 401, 453 B.G.B.
[1]) §§ 873, 874, 876, 877 B.G.B.
[2]) § 1116 B.G.B.
[3]) § 1186 B.G.B.
[4]) § 1198 B.G.B.

im Rang gleich- oder nachstehenden Berechtigten dahin erweitert werden, daß das Grundstück für Zinsen bis zu fünf von Hundert haftet; ebenso ist zu einer Änderung der Zahlungszeit und des Zahlungsortes die Zustimmung dieser Berechtigten nicht erforderlich[5]).

3. Das Bürgerliche Gesetzbuch durchbricht das Prinzip der accessorischen Natur der Hypothek insofern, als es einen Wechsel der durch die Hypothek gesicherten Forderung unter Fortbestand der Hypothek zuläßt. An die Stelle der Forderung, für welche die Hypothek besteht, kann eine andere Forderung desselben Gläubigers oder eines neuen Gläubigers gesetzt werden. Zu dieser Änderung ist die Einigung des neuen Gläubigers und des Eigentümers, sowie die Eintragung in das Grundbuch erforderlich; steht die Forderung, die an die Stelle der bisherigen Forderung treten soll, nicht dem bisherigen Hypothekengläubiger zu, so ist dessen Zustimmung erforderlich; diese Zustimmung ist dem Grundbuchamt oder demjenigen gegenüber zu erklären, zu dessen Gunsten sie erfolgt.

Die Zustimmung des Dritten, welchem ein Recht an der Hypothek zusteht, ist zu dieser Änderung erforderlich, nicht dagegen die Zustimmung der im Range gleich- oder nachstehenden Berechtigten, da deren Rechte durch die Änderung der Forderung nicht berührt werden[6]).

4. Zu einem Rangrücktritt der Hypothek ist außer der Einigung des vorrückenden und des zurücktretenden Berechtigten und der Eintragung ins Grundbuch die Zustimmung des Eigentümers erforderlich, die dem Grundbuchamt oder einem der Beteiligten gegenüber zu erklären und unwiderruflich ist[7]); diese Bestimmung erklärt sich aus dem Institut der Eigentümerhypothek; der Eigentümer wird durch eine Verschlechterung des Ranges bei dem späteren Erwerb der Eigentümerhypothek benachteiligt.

Die Zustimmung des Eigentümers ist nicht erforderlich zur Änderung des Rangverhältnisses der Teilhypotheken untereinander, wenn die Forderung geteilt wird, weil das Recht des Eigentümers durch eine solche Rangänderung nicht geschmälert wird[8]).

XIX. Kapitel.

Einwendungen des Pfandschuldners gegen die Hypothek.

1. Der Eigentümer kann gegen die Hypothek die dem persönlichen Schuldner gegen die Forderung zustehenden Einreden geltend machen; diese Bestimmung erklärt sich aus der accessorischen Natur der Hypothek[1]).

---

[5]) § 1119 B.G.B.
[6]) § 1180 B.G.B. Planck, § 1180 Anm. 3e.
[7]) § 880 Abs. 2 B.G.B.
[8]) § 1151 B.G.B. Achilles S. 92.
[1]) § 1137 B.G.B.

Von dieser Regel gelten jedoch verschiedene Ausnahmen:

a) Die Einrede der Verjährung der Forderung kann der Eigentümer nicht bringen, da die Verjährung eines Anspruches, für den eine Hypothek besteht, den Berechtigten nicht hindert, seine Befriedigung aus dem verhafteten Grundstücke zu suchen[2]).

Dagegen steht dem Eigentümer die Einrede der Verjährung zu, wenn der Gläubiger für Rückstände von Zinsen oder anderen wiederkehrenden Leistungen aus dem Grundstücke Befriedigung sucht[3]).

b) Dem Eigentümer steht nicht die Einrede zu, daß der Erbe des persönlichen Schuldners beschränkt haftet; die Hypothek hat ja gerade den Zweck, dem Gläubiger eine von dem Vermögensstande des Schuldners unabhängige Sicherheit zu gewähren[4]).

c) Schließlich kann der Eigentümer dem dinglichen Anspruch auch nicht mit der Einrede begegnen, daß der in Konkurs geratene persönliche Schuldner mit dem Gläubiger einen Zwangsvergleich geschlossen hat; durch den Zwangsvergleich werden die Rechte des Gläubigers aus der Hypothek nicht berührt[5]).

2. Der Eigentümer ist weiter berechtigt, gegen die Hypothek die einem Bürgen nach § 770 B.G.B. zustehenden Einreden geltend zu machen; es kann also der Eigentümer die Befriedigung des Gläubigers aus dem Grundstücke weigern, solange der persönliche Schuldner berechtigt ist, das seiner Verbindlichkeit zugrunde liegende Rechtsgeschäft anzufechten und solange sich der Gläubiger durch Aufrechnung gegen eine fällige Forderung des Hauptschuldners befriedigen kann[6]).

Da aber die Vorschriften über den öffentlichen Glauben des Grundbuches für die Verkehrshypothek auch in Ansehung der Forderung und der dem Eigentümer zustehenden obigen Einreden gelten, so folgt hieraus, daß der Erwerber einer durch Verkehrshypothek gesicherten Forderung Einwendungen gegen die Hypothek sich nur dann gefallen lassen muß, wenn sie sich aus den Eintragungen im Grundbuch oder aus dem Vermerke auf dem Hypothekenbrief ergeben oder ihm beim Erwerbe bekannt gewesen sind[7]). Dasselbe gilt sowohl bei Verkehrs-, als auch bei Sicherungshypotheken für die Einrede, die dem Eigentümer auf Grund eines zwischen ihm und dem bisherigen Gläubiger bestehenden Rechtsverhältnisses gegen die Hypothek zusteht, z. B. für die Einrede der Stundung[8]).

---

[2]) § 223 Abs. 1 B.G.B.
[3]) §§ 223 Abs. 3, 902 B.G.B.
[4]) § 1137 Abs. 1 Satz 2 B.G.B. Motive III S. 701.
[5]) § 193 K.O.
[6]) §§ 1137, 770 B.G.B.
[7]) § 1138 B.G.B., § 1140 B.G.B.
[8]) § 1157 B.G.B. Planck, § 1157 Anm. 4.

XX. Kapitel.

Die Rechte des Pfandgläubigers aus der Hypothek.

Der Pfandgläubiger hat vor allem das Recht, die Befriedigung der ihm zustehenden fälligen Forderung aus dem Grundstück und den Gegenständen, auf die sich die Hypothek erstreckt, zu verlangen. Diesen Anspruch muß der Gläubiger im Wege der Zwangsvollstreckung gegen den jeweiligen Eigentümer des Pfandgrundstückes geltend machen; zu Gunsten des Gläubigers gilt bei der Verfolgung des Rechtes auf die Hypothek derjenige als der Eigentümer, welcher im Grundbuch als Eigentümer eingetragen ist; das Recht des nicht eingetragenen Eigentümers, die ihm gegen die Hypothek zustehenden Einwendungen geltend zu machen, bleibt hiebei unberührt; diese müssen im Wege der Interventionsklage vorgebracht werden [1]).

Der Geltendmachung der Briefhypothek kann jedoch widersprochen werden, wenn der Gläubiger den Brief oder die auf einen eingetragenen Gläubiger zurückführende Reihe von öffentlich beglaubigter Abtretungserklärungen oder den gerichtlichen Überweisungsbeschluß oder das öffentlich beglaubigte Anerkenntnis einer kraft Gesetzes erfolgten Übertragung der Forderung nicht vorlegt [2]).

Der Gläubiger der Eigentümerhypothek kann zum Zwecke seiner Befriedigung die Zwangsvollstreckung überhaupt nicht betreiben [3]).

Hängt die Fälligkeit der Forderung von einer Kündigung ab, so ist die Kündigung für die Hypothek nur wirksam, wenn sie von dem Gläubiger dem Eigentümer oder von dem Eigentümer dem Gläubiger erklärt wird. Zu Gunsten des Gläubigers gilt derjenige, welcher im Grundbuch als Eigentümer eingetragen ist, als der Eigentümer.

Hat der Eigentümer keinen Wohnsitz im Inland, oder befindet sich der Gläubiger in einer nicht auf Fahrlässigkeit beruhenden Unkenntnis über die Person des Eigentümers oder ist der Aufenthalt des Eigentümers unbekannt, so hat auf Antrag des Gläubigers das Amtsgericht, in dessen Bezirk das Grundstück liegt, dem Eigentümer einen Vertreter zu bestellen, dem gegenüber die Kündigung des Gläubigers erfolgen kann [4]).

Diese Bestimmung gilt jedoch nur für die Verkehrshypothek; bei der Sicherungshypothek erfolgt die Kündigung seitens des persönlichen Schuldners oder diesem gegenüber [5]).

Bei der Briefhypothek ist die Kündigung dem Eigentümer gegenüber unwirksam, wenn der Gläubiger den Brief oder die diesem gleich-

---

[1]) § 1113, 1147, 1148 B.G.B. Planck, § 1148 Anm. 2.
[2]) § 1160 B.G.B.
[3]) §§ 1177, 1197 B.G.B.
[4]) § 1141 B.G.B., § 132 Abs. 2 B.G.B.
[5]) § 1185 Abs. 2 B.G.B.

geachteten Urkunden nicht vorlegt und der Eigentümer die Kündigung aus diesem Grunde unverzüglich zurückweist[6]).

Neben dem Rechte auf Befriedigung aus dem Grundstücke ist aber auch der Gläubiger im Falle der Gefährdung der Sicherheit der Hypothek infolge Verschlechterung des Grundstückes berechtigt, dem Eigentümer eine angemessene Frist zur Beseitigung der Gefährdung zu bestimmen, und nach dem Ablauf der Frist sofort Befriedigung aus dem Grundstücke zu suchen, wenn nicht die Gefährdung durch Verbesserung des Grundstückes oder durch anderweitige Hypothekbestellung beseitigt worden ist. Ist hiebei die Forderung unverzinslich und noch nicht fällig, so gebührt dem Gläubiger nur die Summe, welche mit Hinzurechnung der gesetzlichen Zinsen für die Zeit von der Zahlung bis zur Fälligkeit dem Betrage der Forderung gleich kommt[7]).

Der Gläubiger ist schließlich weiter berechtigt, auf Unterlassung zu klagen, wenn der Eigentümer oder ein Dritter, z. B. der Pächter oder Mieter, auf das Grundstück in solcher Weise einwirkt, daß eine die Sicherheit der Hypothek gefährdende Verschlechterung des Grundstückes zu besorgen ist.

Geht die Einwirkung von dem Eigentümer aus, so hat das Gericht auf Antrag des Gläubigers die zur Abwendung der Gefährdung erforderlichen Maßregeln anzuordnen; das gleiche gilt, wenn die Verschlechterung deshalb zu besorgen ist, weil der Eigentümer die erforderlichen Vorkehrungen gegen Einwirkungen Dritter oder gegen andere Beschädigungen unterläßt[8]).

Einer Verschlechterung des Grundstückes steht es gleich, wenn Zubehörstücke, auf die sich die Hypothek erstreckt, verschlechtert oder den Regeln einer ordnungsmäßigen Wirtschaft zuwider von dem Grundstücke entfernt werden[9]).

XXI. Kapitel.

Aufhebung der Hypothek.

1. Zur Aufhebung der Hypothek durch Rechtsgeschäft ist neben der Aufhebungserklärung des Berechtigten, der Zustimmung eines etwaigen Dritten und der Löschung im Grundbuch die Zustimmung des Eigentümers erforderlich. Die Zustimmung ist dem Grundbuchamte oder dem Gläubiger gegenüber zu erklären; sie ist unwiderruflich[1]). Diese Bestimmung erklärt sich aus dem Institut der Eigentümerhypothek; verzichtet nämlich der Gläubiger auf die Hypothek, so erwirbt sie der Eigentümer; wäre die Aufhebung der Hypothek ohne dessen Zustim-

[6]) § 1160 Abs. 2 B.G.B.
[7]) § 1133 B.G.B.
[8]) § 1134 B.G.B.
[9]) § 1135 B.G.B.
[1]) §§ 875, 876, 1183 B.G.B.

mung zulässig, so könnte ihm ein Recht wider Willen entzogen werden[2]).

2. Die Fälle, in denen die Hypothek nur für den bisherigen Gläubiger zur Aufhebung gelangt und auf einen anderen Gläubiger übertragen wird, sind oben bereits eingehend gewürdigt worden. Es sei hier nur noch einmal kurz erwähnt, daß die Hypothek auf den Eigentümer, den persönlichen Schuldner oder einen Dritten übergehen kann, wenn der Gläubiger befriedigt wird, daß im Falle des einseitigen Verzichts auf die Hypothek durch den Gläubiger und im Falle des Ausschlusses des Gläubigers durch ein Aufgebotsverfahren der Eigentümer die Hypothek erwirbt[3])

3. Die Hypothek erlischt, wenn sie im Grundbuch fälschlich gelöscht wurde und der Anspruch des Pfandgläubigers gegen den Schuldner verjährt ist[4]); weiter erlischt die Hypothek, wenn der Gläubiger aus dem Grundstücke, also im Wege der Zwangsvollstreckung befriedigt wird[5]) und schließlich erlischt die Hypothek für Rückstände von Zinsen und anderen Nebenleistungen, sowie für Kosten, die dem Gläubiger zu erstatten sind, wenn sie sich mit dem Eigentum in einer Person vereinigt; dieses Erlöschen tritt jedoch nicht ein, solange einem Dritten ein Recht an dem Anspruch auf eine solche Leistung zusteht. Die letztgenannte Hypothek erlischt auch, wenn der Gläubiger einseitig auf die Hypothek für diese Leistungen verzichtet. Zum Verzichte bedarf er in diesem Falle der Zustimmung der Dritten, die unwiderruflich und demjenigen gegenüber abzugeben ist, zu dessen Gunsten sie erfolgt[6]).

4. Die Fälle, in denen die Gesamthypothek untergeht, wenn der Gläubiger durch den persönlichen Schuldner oder durch den Eigentümer eines der belasteten Grundstücke befriedigt wird, und diese keinen Ersatzanspruch gegen die Eigentümer der übrigen Grundstücke oder deren Rechtsvorgänger haben, sind oben bereits erörtert worden[7]).

XXII. Kapitel.

Die Zwangs- und Arresthypothek.

Die Zwangsvollstreckung in ein Grundstück erfolgt u. a. durch Eintragung einer Sicherungshypothek für die Forderung — Zwangshypothek[1]). — Der Arrest in ein Grundstück wird wiederum vollzogen durch Eintragung einer Sicherungshypothek für die Forderung —

---

[2]) Planck, § 1183 Anm. 2.
[3]) Siehe Kap. XVII.
[4]) § 901 B.G.B.
[5]) § 1181 B.G.B.
[6]) § 1178 B.G.B.
[7]) Siehe Kap. XVII.
[1]) § 866 Z.P.O.

Arresthypothek [2]). Zwangs- und Arresthypotheken werden häufig unter dem Namen „Judikatshypotheken" zusammengefaßt.

Es ist zwar in der Z.P.O. nicht besonders hervorgehoben, daß nur eine Geldforderung als Judikatshypothek eingetragen werden kann; allein es ergibt sich aus dem Umstande, daß die Judikatshypothek stets Sicherungshypothek ist, die Folge, daß ein bestimmter Geldbetrag eingetragen werden muß, da dem Gesetz Sicherungshypotheken ohne bestimmten Geldbetrag fremd sind; bei der Arresthypothek ist der Geldbetrag, durch dessen Hinterlegung die Vollziehung des Arrestes gehemmt und der Schuldner zu dem Antrag auf Aufhebung des vollzogenen Arrestes berechtigt wird, als Höchstbetrag einzutragen, für welchen das Grundstück haftet [3]).

Die Zwangshypothek kann nicht auf Grund eines Vollstreckungsbefehles und auf Grund eines anderen Schuldtitels nur für einen den Betrag von 300 Mark übersteigende Forderung eingetragen werden [4]); die Gläubiger kleinerer Beträge können nur Zwangsversteigerung oder Zwangsverwaltung beantragen. Für die Berechnung des Betrages von 300 Mark gelten die Vorschriften der §§ 4, 5 Z.P.O. Hiernach bleiben bei der Berechnung Früchte, Nutzungen, Zinsen, Schäden und Kosten unberücksichtigt, wenn sie als Nebenforderungen geltend gemacht werden; bei Ansprüchen aus Wechseln im Sinne der Wechselordnung sind Zinsen, Kosten und Provision, welche außer der Wechselforderung gefordert werden, als Nebenforderungen anzusehen; mehrere in demselben Schuldtitel enthaltene Forderungen dürfen zusammengerechnet werden [5]).

Zulässig ist jedoch die nachträgliche Eintragung einer Zwangshypothek auf Grund Kostenfestsetzungsbeschlusses für eine den Betrag von 300 Mark nicht übersteigende Kostenforderung, die als Nebenforderung der früher eingetragenen, den Betrag von 300 Mark übersteigenden Hauptforderung geltend gemacht wird [6]).

Die Bestimmung des § 866 Z.P.O., daß eine Sicherungshypothek nur für einen den Betrag von 300 Mark übersteigende Forderung eingetragen werden kann, gilt auch für die Arresthypothek; es sind zwar in § 932 Z.P.O., der die Arresthypothek behandelt, nur die die Zwangshypothek regelnden §§ 867, 868 Z.P.O. für die Arresthypothek anwendbar erklärt, nicht auch § 866; allein es müßte systemwidrig erscheinen, wenn die Sicherung der künftigen Vollstreckung eines Urteils durch Arrest auf einem Wege erreicht werden könnte, welcher für die Vollstreckung des Urteils selbst nicht offen steht [7]).

Eine Judikats*gesamthypothek* ist auf die Grundstücke desselben

---

[2]) § 932 Z.P.O.

[3]) §§ 932, 923 Z.P.O. *Achilles* S. 96.

[4]) § 866 Z.P.O.

[5]) *Achilles* S. 98.

[6]) E. d. b. O.L. in Z.S. Bd. I S. 294 ff.

[7]) *Achilles* S. 98 und die dort angegebene Entscheidung des Kammergerichtes.

Schuldners unzulässig[8]); sollen mehrere Grundstücke des Schuldners mit der Hypothek belastet werden, so ist der Betrag der Forderung auf die einzelnen Grundstücke zu verteilen, wobei der Gläubiger befugt ist, die Größe der Teile zu bestimmen; ein aus mehreren Grundstücken bestehender, jedoch auf einem Grundbuchblatt einheitlich gebuchter Gutskomplex ist jedoch als ein Grundstück aufzufassen, so daß eine Verteilung der Forderungen in diesem Falle nicht erforderlich ist[9]). Wenn jedoch mehrere Personen als Gesamtschuldner verurteilt sind, so kann selbstverständlich eine Judikatsgesamthypothek auf dem Grundbesitz eines jeden Gesamtschuldners eingetragen werden[10]).

Für die Judikatshypotheken, deren nach den Bestimmungen der Grundbuchordnung sich vollziehende Eintragung auf dem vollstreckbaren Titel zu vermerken ist, gelten im allgemeinen die Vorschriften des Bürgerlichen Gesetzbuches über die Sicherungshypotheken; die Zivilprozeßordnung enthält nur folgende Sonderbestimmungen:

a) Die Judikatshypotheken entstehen ohne Einigung mit der Eintragung; die Einigung wird hier durch den vollstreckbaren Titel ersetzt[11]).

b) Nach § 1118 B.G.B. haftet das Grundstück nur für die Kosten der Kündigung und der die Befriedigung aus dem Grundstück bezweckenden Rechtsverfolgung; bei der Judikatshypothek haftet das Grundstück auch für die dem Schuldner zur Last fallenden Kosten der Eintragung[12]).

c) Wird durch eine vollstreckbare Entscheidung die zu vollstreckende Entscheidung oder ihre vorläufige Vollstreckbarkeit aufgehoben oder die Zwangsvollstreckung für unzulässig erklärt oder deren Einstellung angeordnet, so erwirbt der Eigentümer des Grundstücks die Hypothek. Das gleiche gilt, wenn durch eine gerichtliche Entscheidung die einstweilige Einstellung der Vollstreckung und zugleich die Aufhebung der erfolgten Vollstreckungsmaßregeln angeordnet wird oder wenn die zur Abwendung der Vollstreckung nachgelassene Sicherheitsleistung oder Hinterlegung erfolgt[13]).

Diese Fälle der Eigentümerhypothek wurden oben schon besprochen[14]) [15]).

XXIII. Kapitel.

Die Grundschuld.

Ein Grundstück kann in der Weise belastet werden, daß an denjenigen, zu dessen Gunsten die Belastung erfolgt, eine bestimmte Geld-

---

[8]) §§ 867 Abs. 2, 932 Z.P.O.
[9]) Bl. f. R.A. 65, S. 348, 363; Achilles S. 99.
[10]) Achilles S. 99.
[11]) Achilles S. 101. § 867 Abs. 1 Satz 2 Z.P.O.
[12]) § 867 Abs. 1 Satz 3 Z.P.O.
[13]) § 868 Z.P.O.
[14]) Kap. XVII.
[15]) Für die Übergangszeit: Art. 56, 57 des A.G. z. G.B.O. u. Z.B.G.

summe mit oder ohne Zinsen und anderen Nebenleistungen aus dem Grundstücke zu zahlen ist [1]).

Während also die Hypothek stets eine persönliche Forderung voraussetzt, ist die Grundschuld von einer persönlichen Forderung unabhängig: die Grundschuld ist ein abstraktes Grundstückspfand; der Gläubiger ist berechtigt, die Pfandsumme mit dinglicher Kraft aus dem Grundstücke beizutreiben, ohne Rücksicht darauf, ob ihm neben seinem Pfandrecht ein rein obligatorisches Recht auf die Pfandsumme zusteht.

Übrigens wird dem Gläubiger auch neben der Grundschuld zumeist eine persönliche Forderung zustehen; die Grundschuld setzt ja nicht voraus, daß dem Gläubiger die persönliche Forderung fehlt, sondern nur, daß bei Begründung der Grundschuld auf diese Forderung rechtlich keine Rücksicht genommen wird [2]).

Auf die Grundschuld finden die Vorschriften über die Hypothek entsprechende Anwendung, soweit sich nicht daraus ein anderes ergibt, daß die Grundschuld nicht eine Forderung voraussetzt [3]). Hiernach sind unanwendbar auf die Grundschulden die Vorschriften der §§ 1137—1139, 1143, 1153, 1161, 1163 Abs. 1, §§ 1164—1167, 1174, 1177, 1180, 1184—1187, 1190 B.G.B., da diese Vorschriften mit der accessorischen Natur der Hypotheken im Zusammenhang stehen. Die übrigen Vorschriften über die Hypothek sind für die Grundschulden entsprechend anwendbar; hieraus folgt insbesondere, daß auch Grundschulden als Buchgrundschulden oder als Briefgrundschulden vorkommen können, daß für die Begründung der Grundschuld die rechtsgeschäftliche Abtretung und Aufhebung derselben für die Zulässigkeit von Einreden, welche dem Eigentümer gegen das dingliche Recht zustehen, die Bestimmungen über die Hypothek Anwendung finden; auch die Vorschriften über die Eigentümerhypothek greifen mit der Einschränkung für die Grundschuld Platz, daß § 1163 Abs. 1 B.G.B., der eine Forderung voraussetzt, nicht zur Anwendung kommen kann; im übrigen geht die Grundschuld auf den Eigentümer über, wenn der Gläubiger vom Eigentümer befriedigt wird und wenn er auf die Grundschuld verzichtet, oder mit seinem Rechte ausgeschlossen wird; auch steht die Briefgrundschuld dem Eigentümer bis zur Übergabe des Briefes zu.

Für die Grundschuld hat das Bürgerliche Gesetzbuch noch folgende Sonderbestimmungen aufgestellt:

1. Das Kapital der Grundschuld wird erst nach vorausgegangener sechsmonatlicher sowohl dem Eigentümer als auch dem Gläubiger zustehenden Kündigung fällig, soweit vertragsmäßig nicht ein anderes bestimmt ist [4]); die Zahlung des Kapitals, sowie der Zinsen und anderer Nebenleistungen hat, wenn eine abweichende Bestimmung nicht

---

[1]) § 1191 B.G.B.
[2]) Siehe § 53 Z.V.G.
[3]) § 1192 B.G.B.
[4]) § 1193 B.G.B.

getroffen ist, an dem Orte zu erfolgen, an dem das Grundbuchamt seinen Sitz hat [5]). Bei der Hypothek entscheidet sich die Frage, ob der Anspruch des Gläubigers fällig ist und an welchem Orte er zu befriedigen ist, nach den für die Forderung geltenden Normen; da für die Grundschuld, die von einer Forderung nicht abhängig ist, diese Normen gegenstandslos sind, mußte das Gesetz für die Grundschuld die obigen besonderen Bestimmungen treffen [6]).

2. Eine Grundschuld kann für den Inhaber des Briefes und für den Eigentümer bestellt werden.

Bei der Grundschuld für den Inhaber des Briefes finden auf einen solchen Brief die Vorschriften über Schuldverschreibungen auf den Inhaber entsprechende Anwendung [7]); für die Grundschuld selbst greifen die Vorschriften über die Hypotheken, also insbesondere der Inhaberhypotheken Platz; doch ist die Inhabergrundschuld im Gegensatz zur Inhaberhypothek als Sicherungshypothek stets Briefgrundschuld [8]).

Zur Bestellung der Eigentümergrundschuld ist die Erklärung des Eigentümers dem Grundbuchamte gegenüber, daß die Grundschuld für ihn in das Grundbuch eingetragen werden soll, und die Eintragung erforderlich [9]). Die Eigentümergrundschuld kann also im Gegensatze zur Eigentümerhypothek von vornherein als solche bestellt werden; daß sie erst nachträglich entstehen kann, wurde oben schon erwähnt. Der praktische Nutzen, welchen die Zulassung der Grundschuld für den Eigentümer diesem gewährt, liegt in der rationellen Verwertung des Realkredits, welcher durch sie ermöglicht wird. Der Eigentümer kann den ganzen Gutswert durch Schaffung von Eigentümergrundschulden erschöpfen und dann zunächst die minder sicheren mit schlechtem Range unterzubringen versuchen, die besseren aber zur Benützung in schwierigeren Zeiten zurücklegen [10]).

Bei der Eigentümergrundschuld, sei es, daß sie von vornherein bestellt wurde, sei es, daß sie erst nachträglich entstanden ist, ist der Eigentümer gewissen Beschränkungen unterworfen, die übrigens auch bei der Eigentümerhypothek gelten [11]). Der Eigentümer kann nicht selbst die Zwangsvollstreckung zu seiner Befriedigung betreiben; Zinsen gebühren ihm nur für die Dauer der Zwangsverwaltung, wenn das Grundstück auf Antrag eines anderen zum Zwecke der Zwangsverwaltung in Beschlag genommen ist; im übrigen hat der Eigentümer alle Befugnisse eines Grundschuldgläubigers [12]).

Schließlich ist noch hervorzuheben, daß die Hypothek in eine

---

[5]) § 1194 B.G.B. Motive III, 789.
[6]) Motive III, 788.
[7]) §§ 1195, 793—806 B.G.B.
[8]) §§ 1192, 1188, 1189 B.G.B.
[9]) § 1196 B.G.B.
[10]) Motive III, 792.
[11]) § 1177 B.G.B.
[12]) § 1197 B.G.B.

Grundschuld, eine Grundschuld in eine Hypothek umgeändert werden kann, und daß die Zustimmung der im Range gleich- oder nachstehenden Berechtigten zur Umwandlung nicht erforderlich ist[13]) [14]).

XXIV. Kapitel.

Die Rentenschuld.

Eine Grundschuld kann als Rentenschuld in der Weise bestellt werden, daß in regelmäßig wiederkehrenden Terminen eine bestimmte Geldsumme aus den Grundstücken zu entrichten ist[1]). Die Rentenschuld ist deshalb nichts anderes als eine Grundschuld, welche nicht auf Zahlung eines Kapitales, sondern auf Zahlung einer Geldrente in regelmäßig wiederkehrenden Terminen gerichtet ist. Für die Rentenschuld gelten deshalb die Bestimmungen über die Grundschuld. Das Bürgerliche Gesetzbuch hat für die Rentenschuld nur folgende Sonderbestimmungen aufgestellt:

Bei der Rentenschuld muß der Betrag bestimmt werden, durch dessen Zahlung die Rentenschuld abgelöst werden kann; die Ablösungssumme muß im Grundbuch angegeben werden[2]); ein Verstoß gegen diese Vorschrift hat die Nichtigkeit der Rentenschuld zur Folge[3]). Auf die einzelnen Leistungen finden die für die Hypothekzinsen, auf die Ablösungssumme finden die für ein Grundschuldkapital geltenden Vorschriften entsprechende Anwendung; die Zahlung der Ablösungssumme an den Gläubiger hat die gleiche Wirkung wie die Zahlung des Kapitales einer Grundschuld; durch diese erwirbt also der Eigentümer die Rentenschuld[4]).

Das Recht der Ablösung der Rentenschuld steht dem Eigentümer zu; seitens des Gläubigers ist die Rente absolut unkündbar; nur dann, wenn infolge einer Verschlechterung des Grundstückes oder der Zubehörstücke oder infolge einer unwirtschaftlichen Entfernung der letzteren die Sicherheit der Rentenschuld gefährdet und die zur Beseitigung der Gefährdung bestimmte angemessene Frist fruchtlos verstrichen ist, ist der Gläubiger berechtigt, die Zahlung der Ablösungssumme aus dem Grundstücke zu verlangen[5]).

Das Ablösungsrecht kann vom Gläubiger erst nach vorgängiger Kündigung ausgeübt werden; die Kündigungsfrist beträgt sechs Monate, wenn nicht ein anderes bestimmt ist; eine Beschränkung des Kündigungsrechtes ist nur insoweit zulässig, daß der Eigentümer nach 30 Jahren

---

[13]) § 1198 B.G.B.

[14]) Für die Übergangszeit: Art. 195 E.G. z. B.G.B., Art. 174 des A.G. z. B.G.B.

[1]) § 1199 B.G.B.

[2]) § 1199 Abs. 2 B.G.B.

[3]) Planck, § 1199 Anm. 3.

[4]) § 1200 B.G.B.

[5]) §§ 1201, 1133, 1135 B.G.B.

unter Einhaltung der sechsmonatigen Frist kündigen kann; hat der Eigentümer gekündigt, so kann der Gläubiger nach dem Ablaufe der Kündigungsfrist die Zahlung der Ablösungssumme aus dem Grundstücke verlangen[6]).

Auch die Rentenschuld kann in eine gewöhnliche Grundschuld umgewandelt werden und umgekehrt; auch hierzu ist die Zustimmung der im Range gleich- oder nachstehenden Berechtigten nicht erforderlich, soweit die Belastung des Grundstückes durch die Umwandlung keine Erweiterung erfährt[7]) [8]).

XXV. Kapitel.

Das auf Rechtsgeschäft beruhende Pfandrecht an Rechten.

Gegenstand des Pfandrechtes kann auch ein Recht sein, jedoch nur ein Recht, welches übertragbar ist[1]); von den dinglichen Rechten, die nicht Grundstückseigenschaft haben, können demnach nur Hypotheken, Grundschulden, Rentenschulden, Reallasten, die einer bestimmten Person zustehen und der einzelnen Leistung nach übertragbar sind, und Vorkaufsrechte, die gleichfalls subjektiv persönlich sind, und deren Übertragbarkeit besonders bestimmt ist, verpfändet werden[2]).

Im folgenden soll kurz das Pfandrecht an Forderungen, also auch an Hypothekforderungen, welchem das Pfandrecht an Grundschulden und Rentenschulden gleichsteht[3]) und dann das Pfandrecht an anderen Rechten behandelt werden.

I. Pfandrecht an Forderungen, Grund- und Rentenschulden.

1. Die Bestellung des Pfandrechtes erfolgt nach den für die Übertragung des Rechtes geltenden Vorschriften[4]).

Wenn aber die Abtretung durch formlosen Vortrag erfolgt, wie es bei hypothekarisch gesicherten Forderungen auf Zinsrückstände und andere Nebenleistungen der Fall ist[5]), wird die Verpfändung erst wirksam, wenn der Gläubiger sie dem Schuldner anzeigt[6]) und im Falle der Verpfändung einer durch Briefhypothek gesicherten Forderung, einer

---

[6]) § 1202 B.G.B.

[7]) § 1203 B.G.B. Planck, § 1203 Anm. 2.

[8]) Für die Übergangszeit: Art. 195 E.G. z. B.G.B., Art. 174 A.G. z. B.G.B.

[1]) §§ 1273, 1274 Abs. 2 B.G.B.

[2]) Achilles S. 111.

[3]) § 1291 B.G.B.

[4]) § 1274 Abs. 1 B.G.B.

[5]) § 459 B.G.B.

[6]) § 1280 B.G.B.

Briefgrundschuld und einer Briefrentenschuld kann die Übergabe des Briefes nur nach Maßgabe der §§ 1205, 1206 B.G.B. ersetzt werden[7]).

Wird die Forderung und mit ihr die Hypothek, die Grund- und Rentenschuld, für welche das Pfandrecht bestellt ist, auf einen neuen Gläubiger übertragen, so geht auch das Pfandrecht auf diesen neuen Gläubiger über; das Pfandrecht kann nicht ohne die Forderung rc. übertragen werden; bei der Übertragung der Forderung rc. kann jedoch vereinbarungsgemäß der Übergang des Pfandrechtes ausgeschlossen werden; in diesem Falle erlischt das Pfandrecht[8]).

Das Pfandrecht an einer Forderung erstreckt sich auch auf die Zinsen der Forderung; die Zinsen haften in analoger Anwendung der §§ 1123, Abs. 2, 1124, 1125 B.G.B. wie die Mietzinsen eines verpfändeten Grundstückes; die Verschärfung der Haftung, welche im Falle der Hypothek durch eine gerichtliche Beschlagnahme bewirkt wird, kann hier durch die Anzeige des Pfandgläubigers an den Schuldner, daß er von dem Einziehungsrechte Gebrauch mache, ersetzt werden[9]).

2. Der Inhalt des Forderungspfandrechtes ist nun verschieden, je nachdem die Forderung des Pfandgläubigers fällig ist oder nicht.

Ist die Forderung des Pfandgläubigers noch nicht fällig, so kann der Schuldner nur an den Pfandgläubiger und den Gläubiger gemeinschaftlich leisten. Jeder von beiden kann verlangen, daß an sie gemeinschaftlich geleistet wird; jeder kann statt der Leistung verlangen, daß die geschuldete Sache für beide hinterlegt, oder wenn sie sich nicht zur Hinterlegung eignet, an einen gerichtlich zu bestellenden Verwahrer abgeliefert wird[10]).

Ist die Forderung des Pfandgläubigers fällig, so ist der Pfandgläubiger zur Einziehung der Forderung berechtigt und kann der Schuldner nur an ihn leisten. Die Einziehung einer Geldforderung steht dem Pfandgläubiger nur insoweit zu, als sie zu seiner Befriedigung erforderlich ist. Soweit er zur Einziehung berechtigt ist, kann er auch verlangen, daß ihm die Geldforderung an Zahlungsstatt abgetreten wird[11]).

Hat der Pfandgläubiger einen vollstreckbaren Titel in Händen, so kann er auch nach den Regeln der Zwangsvollstreckung aus der verpfändeten Forderung Befriedigung suchen; zu anderen Verfügungen über die Forderung ist der Pfandgläubiger nicht befugt[12]).

Hängt die Fälligkeit der verpfändeten Forderung von einer Kündigung ab, so kann im Falle, daß die Forderung des Pfandgläubigers nicht fällig ist, der Gläubiger allein kündigen; nur wenn

---

[7]) § 1274 Abs. 1 Satz 2 B.G.B.
[8]) §§ 1273 Abs. 2, 1250 B.G.B.
[9]) § 1289 B.G.B. Cosack II, § 251 IV.
[10]) § 1281 B.G.B.
[11]) § 1282 B.G.B.
[12]) §§ 1277, 1282 Abs. 2 B.G.B.

der Pfandgläubiger berechtigt ist, die Nutzungen zu ziehen, bedarf der Gläubiger zur Kündigung der Zustimmung des Pfandgläubigers.

Die Kündigung des Schuldners ist in diesem letzteren Falle nur wirksam, wenn sie dem Pfandgläubiger und dem Gläubiger erklärt wird[13]).

Ist die Forderung des Pfandgläubigers fällig, so kann der Gläubiger und der Pfandgläubiger kündigen; für die Kündigung des Schuldners genügt die Erklärung gegenüber dem Pfandgläubiger[14]).

Diese Vorschriften können durch Parteivereinbarung zwischen Gläubiger und Pfandgläubiger geändert werden[15]).

3. Der Pfandgläubiger und der Gläubiger haben nun gewisse gegenseitige Verpflichtungen in Ansehung der Einziehung der Forderung und in Ansehung der Kündigung:

Hat die Leistung an den Pfandgläubiger und den Gläubiger gemeinschaftlich zu erfolgen, so sind beide einander verpflichtet, zur Einziehung mitzuwirken, wenn die Forderung fällig ist.

Soweit der Pfandgläubiger berechtigt ist, die Forderung ohne Mitwirkung des Gläubigers einzuziehen, hat er für die ordnungsmäßige Einziehung zu sorgen. Von der Einziehung hat er den Gläubiger unverzüglich zu benachrichtigen, sofern nicht die Benachrichtigung untunlich ist[16]). Hängt die Fälligkeit der verpfändeten Forderung von einer Kündigung ab, so kann der Pfandgläubiger, sofern nicht das Kündigungsrecht ihm zusteht, von dem Gläubiger die Kündigung verlangen, wenn die Einziehung der Forderung wegen Gefährdung ihrer Sicherheit nach den Regeln einer ordnungsmäßigen Vermögensverwaltung geboten ist. Unter der gleichen Voraussetzung kann der Gläubiger von dem Pfandgläubiger die Zustimmung der Kündigung verlangen, sofern die Zustimmung erforderlich ist[17]).

4. Die Wirkungen des Pfandrechtes nach Einziehung der Forderung sind nun folgende:

Leistet der Schuldner ordnungsgemäß, so erwirbt mit der Leistung der Gläubiger den geleisteten Gegenstand, während der Pfandgläubiger nur ein Pfandrecht an ihm erlangt; besteht die Leistung in der Übertragung des Eigentums an einem Grundstück, so erwirbt der Pfandgläubiger mit der Leistung an dem Grundstücke eine Sicherungshypothek. Einer Eintragung dieser Hypothek im Grundbuch bedarf es nicht[18]). Wird eine Geldforderung von dem Schuldner an den Pfandgläubiger und den Gläubiger in Gemäßheit des § 1281 B.G.B. gemeinschaftlich geleistet, oder für beide hinterlegt, so sind der Pfandgläubiger und der Gläubiger einander verpflichtet, dazu mitzuwirken, daß der

[13]) § 1283 Abs. 1 u. 2 B.G.B.
[14]) § 1283 Abs. 3 B.G.B.
[15]) § 1284 B.G.B.
[16]) § 1285 B.G.B.
[17]) § 1286 B.G.B.
[18]) § 1287 B.G.B.

eingezogene Betrag, soweit es ohne Beeinträchtigung des Interesses des Pfandgläubigers tunlich ist, nach den für die Anlegung von Mündelgeld geltenden Vorschriften verzinslich angelegt und gleichzeitig dem Pfandgläubiger das Pfandrecht bestellt wird. Die Art der Anlegung bestimmt der Gläubiger[19]).

Erfolgt die Einziehung der Geldforderung in Gemäßheit des § 1282 B.G.B. von dem Pfandgläubiger allein, so gilt die Forderung des Pfandgläubigers, soweit ihm der eingezogene Betrag zu seiner Befriedigung gebührt, als von dem Gläubiger berichtigt[20]).

Bestehen mehrere Pfandrechte an einer Forderung, so ist zur Einziehung nur derjenige Pfandgläubiger berechtigt, dessen Pfandrecht den übrigen Pfandrechten vorgeht[21]).

5. Das Forderungspfandrecht erlischt, wenn die gepfändete Forderung erlischt; diese kann jedoch durch Rechtsgeschäft nur mit Zustimmung des Pfandgläubigers aufgehoben werden. Die Zustimmung, die unwiderruflich ist, ist demjenigen gegenüber abzugeben, zu dessen Gunsten sie erfolgt[22]).

Im übrigen erlischt das Pfandrecht an einer Forderung durch einseitige Verzichtserklärung des Pfandgläubigers gegenüber dem Verpfänder; ist das Pfandrecht mit dem Rechte eines Dritten belastet, so ist die Zustimmung des Dritten erforderlich; die Zustimmung ist demjenigen gegenüber zu erklären, zu dessen Gunsten sie erfolgt; sie ist unwiderruflich[23]).

Das Pfandrecht erlischt weiter durch Konfusion; das Erlöschen des Pfandrechtes tritt jedoch in diesem Fall nicht ein, solange die Forderung, für welche das Pfandrecht besteht, mit dem Rechte eines Dritten belastet ist, und soweit der Gläubiger ein rechtliches Interesse an dem Fortbestehen des Pfandrechtes hat[24]).

Schließlich erlischt das Pfandrecht mit der Forderung, für die es besteht, und wie oben bereits erwähnt dann, wenn bei der Übertragung der Forderung der Übergang des Pfandrechtes ausgeschlossen wird[25]).

Ist eine durch Briefhypothek gesicherte Forderung, eine Briefgrundschuld oder eine Briefrentenschuld verpfändet, so geht das Pfandrecht unter, sobald der Pfandgläubiger dem Gläubiger den Brief zurückgibt[26]).

---

[19]) § 1288 Abs. 1 B.G.B.
[20]) § 1288 Abs. 2 B.G.B.
[21]) § 1289 B.G.B.
[22]) § 1276 B.G.B.
[23]) §§ 1273, 1255 B.G.B.
[24]) §§ 1273, 1256 B.G.B.
[25]) §§ 1250, 1252, 1273 B.G.B.
[26]) §§ 1278, 1253 B.G.B.

II. Pfandrecht an anderen Rechten.

Die Verpfändung geschieht durch Vertrag, auf den die für die Veräußerung des Rechtes maßgebenden Vorschriften zur Anwendung kommen[27]).

Für das Pfandrecht gelten die Vorschriften über das Pfandrecht an beweglichen Sachen[28]); doch kann der Pfandgläubiger, sofern nicht ein anderes vereinbart wird, seine Befriedigung aus dem Rechte nur auf Grund eines vollstreckbaren Titels nach den für die Zwangsvollstreckung geltenden Vorschriften suchen[29]).

XXVI. Kapitel.

Das Pfändungspfandrecht.

I. Gegenstand und Inhalt.

Das Pfändungspfandrecht an dinglichen Rechten ist durch die Reichszivilprozeßordnung geregelt; es ist zulässig an Forderungen, für die eine Hypothek besteht, an Reallasten, Grundschulden und Rentenschulden[1]). Daneben ist bestimmt, daß ein unveräußerliches Recht in Ermangelung besonderer Vorschriften der Pfändung insoweit unterworfen ist, als die Ausübung einem anderen überlassen werden kann[2]). Die Rechte des Pfändungspfandgläubigers aus dem Pfandrechte sind nun sehr verschieden:

Ist eine Hypothekenforderung, eine Grundschuld, Rentenschuld oder Reallast, bei der die Leistung in Geldbeträgen besteht, Gegenstand der Pfändung, so ist der Gläubiger berechtigt, nach seiner Wahl die Überweisung zur Einziehung oder an Zahlungsstatt beim Vollstreckungsgerichte zu beantragen[3]).

Bei anderen Forderungen als Geldforderungen und bei sonstigen Rechten z. B. bei Reallasten, die auf andere Leistungen als Geld gehen, ist nur die Überweisung zur Einziehung möglich[4]).

Im Falle der Überweisung an Zahlungsstatt geht die gepfändete Geldforderung auf den Gläubiger mit der Wirkung über, daß derselbe, soweit die Forderung besteht, wegen seiner Forderung an den Schuldner als befriedigt anzusehen ist[5]); die Überweisung zur Einziehung dagegen berechtigt den Pfandgläubiger nur zur Einziehung.

Ist die gepfändete Forderung eine bedingte oder eine betagte, oder ist ihre Einziehung wegen der Abhängigkeit von einer Gegen-

---

[27]) § 1274 B.G.B.
[28]) § 1273 B.G.B.
[29]) § 1277 B.G.B.
[1]) §§ 837, 857 Z.P.O.
[2]) § 857 Abs. II Z.P.O.
[3]) § 835 Z.P.O.
[4]) § 849 Z.P.O.
[5]) § 835 Abs. 2 Z.P.O.

leistung oder aus anderen Gründen mit Schwierigkeiten verbunden, so kann das Gericht auf Antrag an Stelle der Überweisung eine andere Art der Verwertung anordnen, z. B. Versteigerung, Verkauf aus freier Hand [6]); bei anderen Rechten als Forderungen und den diesen gleichgestellten Grundschulden, Rentenschulden, Reallasten, kann das Gericht stets besondere Anordnungen erlassen; es kann insbesondere bei der Zwangsvollstreckung in Nutzungsrechte eine Verwaltung anordnen; ist die Veräußerung des Rechtes selbst zulässig, so kann auch diese angeordnet werden [7]).

II. Entstehung des Pfändungspfandrechts.

Zur Pfändung einer Hypothekforderung, einer Reallast, einer Grundschuld und Rentenschuld ist stets erforderlich der gerichtliche Pfändungsbeschluß. Bei Briefhypotheken, Briefgrundschulden und Briefrentenschulden ist daneben die Übergabe des Hypothekenbriefes an den Gläubiger, bei Buchhypotheken, Buchgrundschulden, Buchrentenschulden und Reallasten die Eintragung der Pfändung in das Grundbuch nötig; die Eintragung erfolgt auf Grund des Pfändungsbeschlusses [8]).

Die Zustellung des Pfändungsbeschlusses an den Drittschuldner ist für die Entstehung des Pfändungspfandrechtes nicht erforderlich; wird aber der Pfändungsbeschluß vor der Übergabe des Hypothekenbriefes oder der Eintragung der Pfändung dem Drittschuldner zugestellt, so gilt die Pfändung diesem gegenüber schon mit der Zustellung als bewirkt, jedoch nur dann, wenn Übergabe oder Eintragung nachfolgt [9]).

Weigert sich der Schuldner, den Hypothekenbrief freiwillig an den Gläubiger zu übergeben, so ist die Übergabe im Wege der Zwangsvollstreckung zu erwirken; sie gilt als erfolgt, wenn der Gerichtsvollzieher den Brief zum Zwecke der Ablieferung an den Gläubiger wegnimmt. Der Pfändungs- und Überweisungsbeschluß bildet den Vollstreckungstitel für diese Zwangsvollstreckung [10]).

Von diesen Regeln für die Entstehung des Pfändungspfandrechtes gibt es wieder verschiedene Ausnahmen:

Die Pfändung der Forderung auf Rückstände von Zinsen oder anderen Nebenleistungen und auf Erstattung von Kosten der Kündigung und der die Befriedigung aus dem Grundstücke bezweckenden Rechtsverfolgung erfolgt nach den allgemeinen Regeln über die Pfändung von Forderungen, also durch Zustellung des Pfändungsbeschlusses an den Drittschuldner [11]).

---

[6]) § 844 Abs. 1 Z.P.O.
[7]) § 857 Abs. 3 u. 4 Z.P.O.
[8]) § 857 letzter Absatz, § 830 Z.P.O.
[9]) § 830 Abs. 2 Z.P.O. Gaupp-Stein Anm. II, 1 zu § 830.
[10]) §§ 830, 836 Z.P.O.
[11]) §§ 830 Abs. 4 Z.P.O., §§ 1159, 1118 B.G.B.

Die Pfändung einer Sicherungshypothek für Forderungen aus Schuldverschreibungen auf den Inhaber, aus einem Wechsel oder aus einem anderen durch Indossament übertragbaren Papier erfolgt lediglich dadurch, daß der Gerichtsvollzieher diese Papiere in Besitz nimmt [12]); ein Pfändungsbeschluß ist nicht erforderlich, ebensowenig eine Eintragung ins Grundbuch.

Schließlich kann bei einer Kautionshypothek die Hauptforderung nach den allgemeinen Vorschriften über Pfändung von Forderungen, also lediglich durch Zustellung des Pfändungsbeschlusses an den Drittschuldner gepfändet und überwiesen werden, wenn der Gläubiger die Überweisung der Forderung ohne die Hypothek an Zahlungsstatt beantragt [13]).

III. Die Überweisung.

Die Wirkungen der Überweisung treten in der Regel mit der Aushändigung des Überweisungsbeschlusses an den Gläubiger ein; nur bei Buchhypotheken ꝛc. und Reallasten ist zur Überweisung an Zahlungsstatt die Eintragung der Überweisung in das Grundbuch erforderlich, welche auf Grund des Überweisungsbeschlusses erfolgt [14]).

Die Überweisung von Hypothekforderungen auf Rückstände von Zinsen ꝛc. oder aus Schuldverschreibungen auf den Inhaber ꝛc., vollzieht sich dagegen wie die Pfändung auf dem gewöhnlichen Wege, also durch Zustellung des Überweisungsbeschlusses an den Drittschuldner [15]).

IV. Übertragung und Aufhebung des Pfändungspfandrechtes.

Für die Übertragung und Aufhebung des Pfändungspfandrechtes gelten dieselben Bestimmungen wie für das auf Rechtsgeschäft beruhende Pfandrecht an Rechten [16]).

XXVII. Kapitel.

Die Verfügungsbeschränkungen.

Die Befugnis zur Verfügung über ein veräußerliches Recht kann nicht durch Rechtsgeschäft ausgeschlossen oder beschränkt werden [1]); aus dieser Bestimmung geht hervor, daß rechtsgeschäftliche Verfügungsbeschränkungen unter der Herrschaft des Bürgerlichen Gesetzbuchs mit dinglicher Wirkung nicht begründet werden können.

---

[12]) §§ 830 Abs. 4 Z.P.O., 1187 B.G.B., 808, 831 Z.P.O.
[13]) § 837 Abs. 3 Z.P.O.
[14]) § 837 Abs. 1 Z.P.O.
[15]) § 837 Abs. 2 Z.P.O.
[16]) Siehe Kap. XXV.
[1]) § 137 B.G.B. Achilles S. 24.

Dagegen sind mit gewissen Rechtsverhältnissen, die durch Privatwillen entstehen, durch das Gesetz Verfügungsbeschränkungen verknüpft; diese Verfügungsbeschränkungen bedürfen nun der Eintragung in das Grundbuch, um absolute Wirkung zu erlangen; ist nämlich der Berechtigte in der Verfügung über ein im Grundbuch eingetragenes Recht zu Gunsten einer bestimmten Person beschränkt, so ist die Beschränkung dem Erwerber gegenüber nur wirksam, wenn sie aus dem Grundbuch ersichtlich oder dem Erwerber bekannt ist[2]).

Die wichtigsten Verfügungsbeschränkungen sind nun folgende:

1. Mit der Eröffnung des Konkurses verliert der Gemeinschuldner die Befugnis, sein zur Konkursmasse gehöriges Vermögen zu verwalten und über dasselbe zu verfügen. Diese Verfügungsbeschränkung, welche nur zum Schutze der Konkursgläubiger dient, wirkt einem Dritten gegenüber, zu dessen Gunsten der Gemeinschuldner verfügt hat, nur dann, wenn sie dem Dritten bekannt war oder wenn sie aus dem Grundbuch ersichtlich ist[3]).

2. Mit der Anordnung der Nachlaßverwaltung verliert der Erbe die Befugnis, den Nachlaß zu verwalten und über ihn zu verfügen[4]); diese Verfügungsbeschränkung dient nur zum Schutze der Nachlaßgläubiger; einem Dritten gegenüber wirkt sie nur dann, wenn sie ihm bekannt war oder wenn sie aus dem Grundbuch ersichtlich ist.

3. Die Beschlagnahme im Zwangsversteigerungs- und Zwangsverwaltungsverfahren hat die Wirkung eines Veräußerungsverbotes zugunsten des betreibenden Gläubigers[5]). Einem Dritten gegenüber, der es nicht kennt, kann es nur geltend gemacht werden, wenn die Beschlagnahme in das Grundbuch eingetragen war[6]).

4. Die Verfügungsbeschränkungen des Vorerben zu Gunsten des Nacherben wirken gegen gutgläubige Dritte nur dann, wenn das Recht des Nacherben in das Grundbuch eingetragen ist[7]).

5. Dasselbe gilt von den Verfügungsbeschränkungen des Erben durch Ernennung eines Testamentsvollstreckers[8]) und

6. von den Verfügungsbeschränkungen durch aufschiebende oder auflösende Bedingungen oder Befristungen[9]).

7. Die durch Rechtshängigkeit bestehende Verfügungsbeschränkung, welche darin besteht, daß der Beklagte den Streitsgegenstand nur so veräußern darf, daß das gegen ihn ergehende Urteil in Ansehung der Sache selbst auch gegen den Erwerber wirksam und vollstreckbar ist, ist absoluter Natur nur dann, wenn das Urteil einen Anspruch aus einer eingetragenen Reallast, Hypothek, Grundschuld und Rentenschuld

---

[2]) § 892 B.G.B. Motive III S. 218.
[3]) §§ 7, 15, 113 K.O.
[4]) § 1984 Abs. 1 B.G.B.
[5]) §§ 20, 23 Z.V.G.
[6]) §§ 19, 146 Z.V.G.
[7]) §§ 2113, 2114, 2115, 2136, 2137 B.G.B., § 52 G.B.O.
[8]) § 2211 B.G.B., § 53 G.B.O.
[9]) §§ 161, 163 B.G.B.

betrifft; im übrigen wirkt die Rechtshängigkeit gegen den gutgläubigen Erwerber nur dann, wenn sie aus dem Grundbuche ersichtlich war[10]).

8. Verfügungsbeschränkungen können auch im Interesse bestimmter Personen von einem Gerichte oder einer anderen Behörde innerhalb ihrer Zuständigkeit erlassen werden[11]); auch diese Verfügungsbeschränkungen erhalten nur durch Eintragung ins Grundbuch Wirkung gegen den gutgläubigen Dritten.

Hierher gehören z. B. einstweilige Verfügungen, durch welche die Veräußerung, Belastung oder Verpfändung eines Grundstückes untersagt wird[12]), die Beschlagnahme, welche zur Sicherung von Geldstrafen und Kosten des Verfahrens gegen einen Angeschuldigten behufs Deckung der Staatskassa stattfindet[13]) [14]).

XXVIII. Kapitel.

Widersprüche und Vormerkungen.

Unter Widersprüchen und Vormerkungen sind vorläufige Eintragungen im Grundbuche zu verstehen, welche Schutz gewähren sollen gegen die mit dem öffentlichen Glauben des Grundbuches und mit dem Eintragungsprinzip verknüpften Gefahren[1]).

Die Widersprüche dienen zum Schutze bestehender Rechte an Grundstücken, die Vormerkungen haben den Zweck, ein persönliches Recht auf Einräumung oder auf Aufhebung eines dinglichen Rechtes zu schützen.

I. Widersprüche.

Steht der Inhalt des Grundbuches in Ansehung eines Rechtes an dem Grundstücke, eines Rechtes an einem solchen Rechte, oder einer Verfügungsbeschränkung zugunsten bestimmter Personen mit der wirklichen Rechtslage nicht im Einklange, so kann derjenige, dessen Recht nicht oder nicht richtig eingetragen oder durch die Eintragung einer nicht bestehenden Belastung oder Beschränkung beeinträchtigt ist, die Zustimmung zu der Berichtigung des Grundbuches von demjenigen verlangen, dessen Recht durch die Berichtigung betroffen wird[2]).

Da aber die Berichtigung des Grundbuches dadurch gefährdet ist, daß derjenige, dessen eingetragenes Recht von ihr betroffen würde, zu Gunsten eines gutgläubigen Dritten über dieses Recht verfügen kann, ist bestimmt, daß in den obenerwähnten Fällen ein Widerspruch gegen

---

[10]) §§ 265, 325 Z.P.O.
[11]) §§ 135, 136 B.G.B.
[12]) § 938 Abs. 2 Z.P.O.
[13]) §§ 325, 326 Z.P.O.
[14]) Für die Übergangszeit: Art. 168 des E.G. z. B.G.B.
[1]) Motive III, 239.
[2]) § 894 B.G.B.

die Richtigkeit des Grundbuches eingetragen werden kann; hierdurch ist die Ausschließung des guten Glaubens eines Dritten ermöglicht[3]).

Die Eintragung des Widerspruches erfolgt auf Grund einer zu erwirkenden einstweiligen Verfügung, zu deren Erlassung es nicht erforderlich ist, daß eine Gefährdung des Rechtes des Widersprechenden glaubhaft gemacht wird, oder auf Grund einer Bewilligung desjenigen, dessen Recht durch die Berichtigung des Grundbuches betroffen wird. Die Bewilligung wird ersetzt durch eine rechtskräftige Verurteilung zur Bewilligung der Eintragung des Widerspruches[4]).

Zur Eintragung eines Widerspruches bei einer Briefhypothek, der sich darauf gründet, daß die Hingabe des Darlehens unterblieben sei, genügt dagegen der von dem Eigentümer an das Grundbuchamt gerichtete Antrag, sofern er vor dem Ablauf eines Monats nach der Eintragung der Hypothek gestellt wird[5]).

Die Wirkungen der Widersprüche sind folgende:

1. Das durch den Widerspruch gesicherte Recht kann gegen jeden Dritten, der nach der Eintragung des Widerspruches ein entgegenstehendes Recht erworben hat, geltend gemacht werden[6]).

2. Die Frist der Tabularersitzung ist gehemmt, solange ein Widerspruch gegen die Richtigkeit der Eintragung im Grundbuch eingetragen ist[7]).

3. Ein Recht, wegen dessen ein Widerspruch gegen die Richtigkeit des Grundbuches eingetragen ist, steht einem eingetragenen Rechte in Ansehung der Verjährung gleich; die Ansprüche aus den durch Widersprüche gesicherten Rechten unterliegen demnach nicht der Verjährung[8]).

4. Ist vor der Erlassung eines den Eigentümer ausschließenden Ausschlußurteiles wegen des Eigentums eines Dritten ein Widerspruch gegen die Richtigkeit des Grundbuches eingetragen worden, so wirkt das Urteil nicht gegen den Dritten[9]).

5. Rechte, die durch Eintragung eines Widerspruches gesichert sind, sind wie eingetragene Rechte bei der Feststellung des geringsten Gebotes im Zwangsversteigerungsverfahren zu berücksichtigen[10]).

Die Löschung der Widersprüche erfolgt nach den Vorschriften der Grundbuchordnung[11]).

II. Vormerkungen.

Zur Sicherung des Anspruches auf Einräumung oder Aufhebung eines Rechtes an einem Grundstück oder an einem das Grundstück

---

[3]) §§ 889, 892 B.G.B.

[4]) §§ 899 Abs. 2 B.G.B., 894 Z.P.O.; siehe auch: §§ 13, 39 G.B.O., § 941 Z.P.O.

[5]) § 1139 B.G.B.

[6]) § 892 B.G.B.

[7]) § 900 B.G.B.

[8]) § 902 B.G.B.

[9]) § 927 Abs. 3 B.G.B.

[10]) § 48 Z.V.G.

[11]) Siehe §§ 25, 18, 76 G.B.O.

belastenden Rechte oder auf Änderung des Inhaltes oder des Ranges eines solchen Rechtes kann eine Vormerkung in das Grundbuch eingetragen werden. Die Eintragung einer Vormerkung ist auch zur Sicherung eines künftigen oder eines bedingten Anspruches zulässig[12]).

Die Vormerkung ist also zur Sicherung eines persönlichen Anspruches auf Änderung des Rechtsstandes eines Grundstückes bestimmt; die Vormerkung ist in allen Fällen zulässig, in denen eine Rechtsänderung von der entsprechenden Willenserklärung eines Beteiligten und von der Eintragung in das Grundbuch abhängt, die Willenserklärung nicht abgegeben wird oder der Eintragung der Mangel einer Eintragungsbewilligung oder ein sonstiges Hindernis entgegensteht[13]).

Für die Eintragung der Vormerkung gelten dieselben Bestimmungen wie für die Eintragung der Widersprüche[14]). Die Vormerkungen zeitigen folgende Wirkungen:

1. Eine Verfügung, die nach der Eintragung der Vormerkung über das Grundstück oder das Recht getroffen wird, ist insoweit unwirksam, als sie den Anspruch vereiteln oder beeinträchtigen würde; dies gilt auch, wenn die Verfügung im Wege der Zwangsvollstreckung der Arrestvollziehung oder durch den Konkursverwalter erfolgt[15]).

Soweit der Erwerb eines eingetragenen Rechtes oder eines Rechtes an einem solchen Rechte gegenüber demjenigen, zu dessen Gunsten die Vormerkung besteht, unwirksam ist, kann dieser von dem Erwerber die Zustimmung zu der Eintragung oder der Löschung verlangen, die zur Verwirklichung des durch die Vormerkung gesicherten Anspruches erforderlich ist. Das Gleiche gilt, wenn der Anspruch durch ein Veräußerungsverbot gesichert ist[16]).

2. Der Rang des Rechtes, auf dessen Einräumung der Anspruch gerichtet ist, bestimmt sich nach der Eintragung der Vormerkung[17]).

3. Die durch Eintragung einer Vormerkung gesicherten Rechte sind bei der Feststellung des geringsten Gebotes im Zwangsversteigerungsverfahren wie eingetragene Rechte zu berücksichtigen[18]).

4. Soweit der Anspruch durch die Vormerkung gesichert ist, kann sich der Erbe des Verpflichteten nicht auf die Beschränkung seiner Haftung berufen[19]).

5. Gläubiger, deren Ansprüche durch eine Vormerkung gesichert sind, werden durch das Aufgebot der Nachlaßgläubiger nicht betroffen[20]).

6. Ist zur Sicherung eines Anspruches auf Einräumung oder

---

[12]) § 883 I B.G.B.
[13]) Planck, Anm. 1 zu § 883.
[14]) § 825 B.G.B., der gleichlautend ist mit § 899 Abs. II.
[15]) § 883 Abs. II B.G.B.
[16]) § 888 B.G.B.
[17]) § 883 Abs. 3 B.G.B.
[18]) § 48 Z.V.G.
[19]) § 884 B.G.B.
[20]) § 1971 B.G.B.

Aufhebung eines Rechts an einem Grundstücke des Gemeinschuldners oder an einem für den Gemeinschuldner eingetragenen Rechte oder zur Sicherung eines Anspruches auf Änderung des Inhalts oder des Ranges eines solchen Rechts eine Vormerkung im Grundbuch eingetragen, so kann der Gläubiger von dem Konkursverwalter die Befriedigung seines Anspruches verlangen[21]).

Die Löschung der Vormerkungen erfolgt wiederum nach den Vorschriften der G.B.O.; besonders hervorzuheben ist noch, daß der unbekannte Gläubiger, dessen Anspruch durch die Vormerkung gesichert ist, im Wege des Aufgebotsverfahrens mit seinem Rechte ausgeschlossen werden kann, wenn die für die Ausschließung eines Hypothekgläubigers bestimmten Voraussetzungen vorliegen, und daß mit der Erlassung des Ausschlußurteiles die Wirkung der Vormerkung erlischt[22]).

---

[21]) § 24 K.O.
[22]) §§ 887, 1170 B.G.B.

Alphabetisches Register.

(Ziffern bedeuten die Seitenzahlen.)

K. b. Hof- u. Univ.-Buchdruckerei von Junge & Sohn in Erlangen.

FSC
www.fsc.org
MIX
Papier | Fördert gute Waldnutzung
FSC® C083411

Kolibri 360 GmbH
Ferdinand-Jühlke-Straße 7
99095 Erfurt, Deutschland
produktsicherheit@kolibri360.de